미국의 세기는 끝났는가

Is the American Century Over?

This edition is published by arrangement with Polity Press Ltd.,Cambridge

Copyright ⓒ 2015 by Joseph S. Nye Jr.

미국의 세기는 끝났는가

조지프 S. 나이 지음 | 이기동 옮김 | 해제 김흥규 아주대 교수

Is the American Century Over?

도서
출판 프리뷰

차 례

제 **1** 장

미국의 세기는
언제 시작되었나?

The Creation of the
American Century

미국의 세기는 끝났는가? 많은 사람들이 그렇다고 생각하는 것 같다. 최근 여러 해 동안 발표되는 통계자료들을 보면, 조사를 실시한 22개 나라 가운데 15개 나라에서 다수의 응답자가 앞으로 중국이 미국의 자리를 대신하거나, 이미 미국을 제치고 세계 제1의 국가 자리를 차지했다고 답한 조사결과가 나왔다.

2014년에 실시한 퓨^{Pew} 리서치 여론조사에서는 미국인 가운데서 미국이 '다른 모든 나라들보다' 우월적인 위치에 서 있다고 답한 사람은 불과 28퍼센트에 불과했다. 2011년에는 그 수치가 38퍼센트였다. 어쩌면 "내가 죽었다고 한 보도는 대단히 과장된 것이다."라고 한 마크 트웨인의 유명한 재담처럼 미국의 세기가 끝났다는 사망설도 크게 과장된 것인지 모를 일이다.

18세기에 미국이 영국으로부터 독립한 다음 영국의 정치가 호레이스 월폴Horace Walpole 은 "영국의 처지가 지중해의 섬 사르디니아 수준으로 쪼그라들었다."고 한탄했다. 하지만 당시 영국은 미국이 독립해서 떨어져나갔음에도 불구하고 산업혁명에 힘입어 제2의 부흥기를 맞이하며 세계의 강대국으로 부상하고 있었다. 1980년대 중반에 MIT의 어떤 교수는 대영제국이 2세기 동안 존속했다면 "미국의 시대가 50년 만에 막을 내려야 하는 이유는 무엇인가?"라는 물음을 던졌다.[1]

소련이 붕괴되기 직전 무렵에 미국은 세계 유일의 초강대국 자리에 올라서 있었다. 그런데 당시 많은 베스트셀러 서적들이 미국의 상황을 펠리페2세 시절에 스페인이 몰락한 것에 비유하며 비관적인 전망을 했다. 미국이 일극체제一極體制의 세계질서 속에서 유일한 초강대국이 되고 난 다음에도 어느 유명한 정치학자는 미국의 유일 초강대국 지위는 아주 빠른 시일 안에 끝날 것이라고 전망했다.[2]

이러한 사례들을 조심스레 염두에 두면서, 우리는 매우 겸허한 자세로 '미국의 세기는 끝났는가?'라는 질문에 대한 답을 찾아나갈 것이다.

미국의 세기는 언제 시작되었나?

When did the century start?

우 선 '미국의 세기'라는 말이 의미하는 바가 무엇인지 명확하게 개념을 정리할 필요가 있다. 미국의 세기는 언제 시작되었는 가? 먼저 미국이 세계 최대 산업국가로 도약한 19세기 말을 미국의 세 기가 시작된 시점으로 생각해 볼 수 있다. 20세기 초에 들어서며 미국 은 전 세계 경제력의 거의 4분의 1을 차지하고 있었다. 그러한 위상은 2차세계대전이 일어나기 직전까지 계속됐다.[3]

전쟁은 세계의 모든 주요 경제대국들을 파괴시켜놓았다. 하지만 그 런 와중에서도 미국의 경제력은 더 커졌다. 2차세계대전 직후에는 전 세계 경제력의 거의 절반을 미국이 차지했다. 이후 다른 나라들의 경제가 차츰 회복되면서 성장하기 시작했다. 다른 나라들이 빠르게 경제 회복을 할 수 있었던 것은 부분적으로는 미국의 전후 부흥정책에 힘입은 결과이기도 하다.

그러면서 미국이 세계경제에서 비정상적으로 크게 차지하던 비중은 전쟁 이전의 수준인 4분의 1 안팎으로 돌아가게 되었다. 세계경제에서 차지하는 미국의 비중은 20세기가 끝날 때까지 그 수준이 계속 유지됐다.

하지만 1945년부터 1970년까지 지속된 이와 같은 '정상 수준으로의 회복'은 세계경제에서 차지하는 미국경제의 비중이 감소했다는 의미로 받아들여졌고, 이는 곧 미국의 쇠퇴라는 인식으로 이어졌다.

경제력 규모 면에서 본다면, 미국의 세기가 지속된 기간은 대략 20세기와 겹쳐지며, 그 기간 중에서도 특히 20세기 중반에 미국의 힘은 절정기를 구가했다. 그리고 앞으로 다가올 10년 남짓한 기간 안에 미국의 세기는 끝이 날 것이라고 사람들은 말한다. 여러 전문가들이 이 시기에 중국이 미국을 제치고 세계 최대 경제 대국이 될 것으로 예상하고 있다.

세계은행 자료에 의하면 국내총생산GDP 의 구매력평가purchasing power parity 기준으로는 중국이 이미 미국을 추월한 것으로 나타났다.[4]

환율을 근거로 한 경제력 평가에서는 앞으로 10년 안에 중국경제가 세계 제1의 자리를 차지하게 될 것이라는 전망이 나와 있다. 그렇다면 미국의 세기는 실제로 머지않아 종말을 고할 것이라는 말인가?

반드시 그렇다고 할 수는 없다. 국력은 다른 나라들에 영향력을 행사해 자신이 원하는 결과를 도출해 내는 힘을 갖고 있다. 그리고 이러한 영향력을 행사하는 데는 대가를 지불하거나 강압적인 수단을 동원하는 방법인 당근과 채찍, 그리고 유인과 설득이라는 세 가지 방법이 있다. 당근과 채찍을 하드파워적인 수단이라고 한다면 유인과 설득은 소프트파워적인 수단이다.

국력을 구성하는 요소들은 모두 다 중요하다. 그렇기 때문에 경제력만 가지고 미국의 세기를 규정할 수는 없다. 예를 들어, 미국은 19세기 말에 세계 최대 경제국가가 되었지만, 당시에는 미국이 전 세계적인 세력균형 무대에서 중요한 균형자 역할을 담당하지는 못했다. 미국이 그런 역할을 하게 된 것은 시어도어 루스벨트 대통령과 우드로 윌슨 대통령이 그렇게 막강해진 경제력의 일부를 군사적인 자원을 확보하는 데 투자하고 나서부터였다.

더구나 어떤 특정 국가가 국력을 뒷받침하는 주요한 요소들을 확보하고 있다고 하더라도 그 힘을 효과적인 힘으로 전환하는 능력power conversion capability 이 떨어진다면 이야기는 달라진다. 예를 들어 1930

년대 미국이 그랬다. 당시 미국은 세계 최고의 경제력을 갖고 있었지만 고립주의 정책을 추구했다.

따라서 경제력과 군사력, 소프트파워라는 세 가지 측면을 모두 고려한다면, 중국이 총 경제규모 면에서 미국을 추월하더라도, 그것이 자동적으로 미국의 세기의 종말을 의미하지는 않는다. 더구나 앞으로 설명하겠지만, GDP 총규모는 경제력 중에서도 어느 한 측면만 보여주는 수치일 뿐이다.

미국의 세기가 어떤 의미를 갖는지 명확하게 규정하고, 그것이 언제부터 시작되었는지 따져볼 필요가 있다. 이를 따지는 데 있어서 유용한 방법은 국력의 구성요소들을 모두 따지는 것과 함께 미국이 그러한 국력의 구성요소들을 글로벌 세력균형에 영향력을 행사하기 위해 어떻게 사용해 왔는지를 살펴보는 것이다.[5]

19세기에 미국은 자신이 가지고 있는 경제력을 다른 나라들과의 무역거래에 사용했으며, 전 지구적인 힘의 균형 면에서는 미미한 역할만 행사했을 뿐이었다. 동맹국들의 문제에 얽혀들지 말라는 조지 워싱턴의 충고를 따르고, 서방에만 관심을 집중하자는 먼로 독트린Monroe Doctrine 에 따라 미국은 글로벌 세력균형 문제에서 지극히 미미한 역할만 수행했다.

그래서 당시 미국은 대규모 상비군을 보유하지 않았고, 1880년대에 미국 해군의 규모는 칠레 해군보다도 작았다. 물론 그렇다고 미국이 군사력을 아주 무시한 것은 아니었다. 이는 멕시코와 아메리칸 인디언들을 상대로 미국이 어떻게 군사력을 사용했는지를 보면 알 수 있다. 하지만 당시 미국은 유럽의 강대국들을 상대로는 고립주의 정책을 고수했다.

1898년 단기간 치러진 스페인-미국 전쟁에서 미국은 쇠퇴하는 스페인으로부터 식민지 쿠바를 독립시키고, 푸에르토리코와 필리핀을 빼앗았다. 하지만 그러한 공개적인 글로벌 제국주의 시절은 단명으로 그쳤다. 시오도어 루스벨트가 해군력을 증강하고 세계 외교무대에 존재감을 알렸지만, 미국의 외교정책은 기본적으로 서방에 초점이 맞춰져 있었다.

이와 같은 외교 기조에 큰 변화가 나타나기 시작한 것은 미국이 1차 세계대전에 뛰어들면서부터이다. 마이클 린드Michael Lind 는 최근 미국의 세기는 1914년에 시작되어 2014년에 끝났다는 주장을 내놓았다. 2014년을 기준으로 볼 때 현재 미국의 외교정책은 붕괴상태에 놓였고, 미국경제는 제대로 굴러가지 않고 있으며, 미국의 민주주의는 무너졌다는 것이다. 다른 나라들이 미국을 사려 깊은 외교정책과 민주적인 자본주의, 그리고 자유 민주주의의 성공한 모델로 바라보던 시절은 이제 끝이 난 것 같다고 린드는 말했다.[6]

이는 다소 과장된 주장으로 들릴지 모르겠다. 1917년에 우드로 윌슨은 오랜 고립주의 전통을 깨고 처음으로 미군을 유럽 전선에 파병했다. 더 나아가 그는 전 지구적 차원의 집단안보 체제를 구축하기 위해 국제연명 창설을 제안했다. 하지만 상원이 미국의 국제연맹 참가를 승인하는 조약 비준안을 부결시키고, 유럽에 파병된 군인들이 귀국하면서 미국은 다시 '정상적인 시절'로 되돌아갔다.

지금은 범지구적인 세력균형을 다루는 데 있어서 미국이 주요한 역할을 하고 있지만, 1930년대에 미국은 심각한 고립주의에 빠져 있었다. 따라서 미국의 세기의 출발점은 프랭클린 루스벨트가 2차세계대전에 참전키로 결정한 시점으로 잡는 게 보다 정확할 것이라고 나는 생각한다.

선교사를 부모로 둔 헨리 루스Henry Luce 는 1941년 2월 라이프LIFE 지에 쓴 유명한 사설 '미국의 세기'the American Century 를 통해 미국은 고립주의를 버리고 전쟁에 뛰어들어야 한다고 주장했다.[7]

이에 못지않게 중요한 사건은 해리 트루먼이 2차세계대전이 끝난 다음 미군의 해외 상시 주둔을 결정한 것이다. 1947년에 세력이 크게 약해진 영국이 그리스와 터키를 더 이상 지원할 수 없게 되자 미국이 대신 나섰다. 미국은 이어서 1948년에 마셜플랜에 거액을 투자해 유럽의 전후 재건을 도왔고, 1950년에는 유엔군을 이끌고 한국전쟁에 참전해 싸웠다.

이러한 결정들은 '봉쇄전략'containment 의 일환이었다. 다른 학자들도 있었지만, 특히 미국의 외교관인 조지 케넌George Kennan 은 2차세계대전 이후의 세계를 산업생산성과 국력을 기준으로 미국, 소련, 영국, 유럽, 그리고 일본 등 5대 세력으로 나누어 파악했다. 그리고 소련의 세력 확대를 억제하기 위한 수단으로 이 5대 세력 가운데 3개 세력과 연합하는 것이 미국의 국익에 도움이 된다고 주장했다. 이후 지금까지 미군 병력은 유럽과 일본, 한국을 비롯한 여러 지역에 주둔하고 있다.

1945년부터 1991까지 세계는 힘의 균형 면에서 양극체제兩極體制 로 불렸다. 초강대국 두 나라가 나머지 나라들을 크게 압도하는 양상이었다. 미국과 소련이 여러 세력 구성요인들을 압도적인 비중으로 독점하다시피 하고, 세력 동맹을 통해 비동맹 세계에 대한 영향력을 서로 차지하기 위해 경쟁했다.

그리고 두 강대국은 핵무기 경쟁을 통해 상대 세력을 견제했다. 하지만 1989년 가을에 베를린장벽이 무너지고, 이어서 1991년에 소련

연방이 붕괴되면서 미국은 세계 유일의 초강대국이 되었다. 당시 소련이 붕괴되는 과정에는 외부보다 내부적인 요인이 더 크게 작용했다.

국제문제 전문가들은 미국이 유일 초강대국이 된 세계를 '일극체제' unipolar 라고 불렀다. 바람직한 이름은 아니었다. 어떤 전문가들은 미국이 세계를 무대로 군사력을 행사할 능력을 가진 유일 초강대국이 된 1991년을 미국의 세기가 시작된 시기로 꼽는다.

당시 미국의 해군력은 규모 면에서 세계 2위부터 차례로 17개국 해군력을 모두 합친 것과 같을 정도로 압도적인 세계 1위였다. 공군력에서도 미군은 압도적인 우위를 차지했고, 우주와 사이버 공간에서도 마찬가지였다.

미국의 군사비 예산은 전 세계 군사비의 거의 절반에 육박했다. 다른 나라들이 아무리 연합한다고 해도 미국의 군사력에 필적할 만한 세력균형을 이루기는 대단히 어려운 상황이 된 것이다.

미국의 헤게모니에 대한 여러 오해들
Myths of American hegemony

현대사를 통틀어 미국만큼 압도적인 군사력 우위를 보인 나라는 없었다. 이를 두고 미국의 '헤게모니'라고 부르는 전문가들이 있고, 미국의 헤게모니를 19세기 영국의 헤게모니와 비교하기도 한다. 많은 사람들이 "미국이 지구상의 마지막 헤게모니 국가였던 대영제국의 족적을 따라가는 것 같다."[8]는 말을 했다.

이와 같은 역사적인 비교에 동의하는 전문가들이 많은 게 사실이지만 이는 잘못된 것이다. 소위 '팍스 브리타니카'Pax Britannica 시절에 영국은 지금의 미국만큼 압도적인 군사력을 보유하고 있지 않았다. 당시 영국의 군사전략은 2위와 3위 국가의 해군력을 합한 정도의 해군력을 유지하는 것이었다. 그런 군사력을 가지고 영국은 해가 지지 않는 제국을 유지했고, 인류의 4분의 1을 지배했다.

하지만 당시의 영국과 지금의 미국 사이에는 국력의 구성 요소에서 큰 차이가 있다. 1차세계대전 당시 영국은 강대국 가운데서 병력수 4위, GDP 4위, 군사비 예산 3위였다.[9] 군사비는 GDP의 평균 2.5~3.4퍼센트를 차지했고, 제국의 통치는 대부분 식민지 현지 병력으로 운용했다. 1차세계대전에 참전해서 싸운 영국군은 860만 명이었는데, 그 가운데 거의 3분의 1이 해외식민지의 현지 병력이었다.[10]

하지만 민족주의가 대두되면서 제국을 유지하기 위해 전쟁을 벌이기는 점점 더 어렵게 되었다. 그리고 2차세계대전이 일어날 즈음에는 제국을 유지하는 게 득보다는 오히려 부담이 되었다.

'미국제국'에 대해 여러 정확하지 않은 말들이 오가고 있다. 사실 지금의 미국은 마음만 먹으면 당시 영국보다 훨씬 더 수월하게 자신의 의도대로 영향력을 발휘할 여지를 갖고 있다. 당시 영국은 주위에 독일과 러시아 같은 강력한 이웃이 있었지만, 미국은 좌우로 두 개의 대양이 면해 있고, 당시 영국이 상대한 나라들보다 훨씬 더 약한 나라들을 이웃에 두고 있다.

덧붙여 말하자면, '헤게모니'라는 단어가 너무 다양하고 혼란스러운 의미로 쓰이고 있는 것이 문제이다. 다른 세력들과의 관계에서 어느 정도의 불평등이 존재하고, 어떤 종류의 국력 구성요소를 확보하고 있을 때 헤게모니라고 부를 것인지에 대해 아직 보편적인 합의가 이루어진 바가 없다.

'헤게모니'라는 용어를 '제국주의'와 같은 의미로 쓰는 전문가들도 있다. 하지만 공식적으로 제국주의가 헤게모니의 필요조건은 아니다. 헤게모니를 '국제질서를 좌지우지할 수 있는 영향력'이라고 말하는 전문가들도 있지만, 역사상 그런 국가가 있었던 적은 거의 없다.[11]

헤게모니를 최고primacy 라는 말과 동의어로 쓰고, 국력의 구성요소를 거의 독점하다시피 장악한 상태로 규정하는 사람들도 있다. 19세기 영국을 헤게모니 국가로 부르지만, 당시 영국은 GDP 면에서 미국과 러시아에 이어 3위였고, 국력이 절정기를 구가했던 1870년에도 군사비 지출은 러시아와 프랑스에 이어 3위에 그쳤다. 당시 영국은 해군력에서만 압도적인 우위에 놓여 있었지, 국력의 다른 구성 분야에서는 다른 대국들과 세력균형을 이루었던 것이다.

1945년 이후 미국의 헤게모니를 이야기하는 사람들은 미국의 군사력이 그 뒤 40년 넘게 소련의 견제를 받아 균형을 이루었다는 사실을 간과하고 있다. 그 기간 동안 미국은 세계경제에서 압도적인 영향력을 발휘했다. 하지만 그러는 중에도 미국의 정치적인 행동과 군사적인 행동은 소련의 힘에 의해 제약을 받았다.

1945년 이후의 시기를 미국이 주도하는 서열관계hierarchical order 에 입각한 세계질서라고 부르는 전문가들이 있다. 이 기간 중에 힘이 약한 국가들은 미국의 힘에 편승할 수 있는 권한을 제도적으로 허용 받았다. 미국은 이들 나라들에게 공공재public goods 를 보장해 주는 식으로 다면적인 규율과 제도 속에서 느슨한 서열관계가 유지되었다는 것이다.

존 아이켄베리John Ikenberry 교수는 이러한 서열관계를 이렇게 설명한다. "미국이 안보를 보장하고 공개경쟁시장, 다시 말해 오픈마켓open market 을 지지하는 식으로 글로벌 서비스를 제공하면, 다른 나라들은 미국의 우월한 지위에 공개적으로 맞서는 대신 자발적으로 협력하는 쪽을 택하는 식이다."**12**

이런 나라들은 이후 미국의 힘을 뒷받침하는 구성요소들이 쇠퇴하게 되더라도, 이렇게 보장받은 제도적인 틀을 계속 유지함으로써 이득을 취할 수 있게 된다. 그렇게 하는 것이 자신들에게 보다 합리적인 선택일 것으로 판단하는 것이다.**13** 이런 의미에서 보면 미국의 국력이 압도적인 지위를 상실하게 되더라도 미국의 세기는 이후에도 계속될 수 있게 된다.

그런가 하면 이런 식의 공개적이고 느슨한 서열 위주의 세계질서는 현재 다양한 세력들이 새롭게 부상함에 따라 종말을 예고하고 있다고 주장하는 사람들도 많다. 미국의 헤게모니라는 신화에는 항상 사실과 허구가 뒤섞여 있었다는 점을 지적하는 비평가들도 있다.[14] 진정한 의미에서 미국이 세계질서를 좌지우지한 적은 한 번도 없었다는 것이다.

뜻이 맞는 국가들이 주로 아메리카 대륙과 서유럽을 중심으로 모여 집단을 형성했고, 이들 집단이 그들이 속한 집단에서 제외된 나라들의 눈에 항상 우호적으로 비친 것도 아니다.

헨리 키신저Henry Kissinger 가 말했듯이, 진정한 글로벌 세계질서는 한 번도 존재한 적이 없었다.[15]

지구상에서 가장 큰 국가들인 중국과 인도, 그리고 인도네시아와 소련 블록은 미국이 주도하는 이 그룹에 포함되지 않았다. 그렇기 때문에 미국 주도의 세계질서는 사실 대상을 놓고 보면 세계의 절반에도 미치지 못하는 것이었다.

글로벌 군사력 균형 면에서도 당시 미국은 헤게모니를 휘두르는 위치에 있지 않았다. 경제력 면에서 미국의 리더십은 세계경제를 움직이는 자유로운 제도와 규율, 관행을 만들었지만, 그것도 세계의 절반에만 적용되는 것이었다. '절반의 헤게모니'였다고 부르는 것이 더 정확한 표현이다.

노르웨이의 게이르 룬데슈타드Geir Lundestad 박사는 1945년 이후 미국이 부분적으로 주도하는 이 세계질서를 '초대에 의한 제국'empire by invitation 이라고 불렀다. 소련을 '강압에 의한 제국'empire by coercion 이라고 부른 것과 구분해서 붙인 이름이다.

이 말에 동의하는 사람들은 미국이 다자체제를 만들어 다른 나라들에게 자발적인 접근을 허용해 줌으로써 자유로운 세계질서를 정당화시켰다고 주장했다. 미국의 주도로 만들어진 이러한 자발적인 세계질서는 이후 미국이 점진적인 쇠퇴의 길을 걷게 되더라도 계속 존속될 것이라고 이들은 말한다.

중국과 인도, 브라질을 비롯한 여러 신흥세력들이 미국이 주도하는 이 새로운 질서에 편입될 것인가? 아미타브 아차리야Amitav Acharya 박사는 그렇지 않을 것이라고 말한다. 그는 앞으로 이러한 서열에 바탕을 둔 느슨한 질서가 아니라, 지역주의와 여러 다양한 사연에 기반을 둔 세계질서가 출현될 것이라고 예견한다.

그는 영화 한 편만 상영하는 게 아니라 관객들이 한 건물 안에서 여러 편의 다양한 영화를 골라볼 수 있도록 돼 있는 멀티플렉스 영화관을 비유로 든다. "이제 우리는 미국이 주도하는 느슨한 헤게모니 질서에 눈을 고정시키는 대신, 지금까지 '아무도 가 보지 않은 길'을 향해 과감하게 발을 내디딜 준비를 갖춰야 한다."고 아차리야 박사는 강조한다.[16]

반쪽 헤게모니
Half-hegemony

지금까지 살펴본 것처럼 '헤게모니'라는 용어는 '미국의 세기'를 정의하는 개념으로 쓰기에는 그 의미가 너무 명확하지 않은 문제가 있다. 힘의 구성요소를 특정 국가가 압도적인 수준으로 보유하는 것을 뜻하는가 하면, 특정 국가가 다른 나라들이 따라야 할 규율을 정하는 행위를 의미하기도 하고, 때로는 어떤 나라가 압도적인 힘을 발휘해 자신이 원하는 결과를 손에 넣는 행위를 가리키기도 한다.

이런 개념상의 모호함 때문에 미국의 세기가 정확히 언제 시작되었고, 언제 끝날지 그 시기를 명시하기는 힘들다. 노엄 촘스키^{Noam}

Chomsky 는 심지어 중국을 '잃은' 시점, 다시 말해 중국이 공산화 된 시점을 미국의 쇠퇴가 시작된 주요한 시점으로 보는가 하면, 중국을 잃은 시점을 미국의 국력이 상승하기 시작한 시점으로 잡는 전문가들도 많이 있다.[17]

만약에 미국의 헤게모니 시대가 실제로 있었다고 한다면, 그것은 2차세계대전의 결과로 미국경제가 세계경제의 거의 절반을 차지하게 된 1945년부터 시작해 세계 전체 생산량에서 미국이 차지하는 비율이 2차세계대전 이전 수준인 4분의 1로 떨어진 1970년까지의 시기일 것이다.

하지만 이 헤게모니 기간 동안에도 미국은 자신이 원하는 대로 뜻을 이루지 못한 경우가 많았다. 소련이 핵무기를 손에 넣는 것을 지켜보아야 했고, 중국 영토 전부와 베트남의 절반이 공산화되는 것도 지켜볼 수밖에 없었다. 한국전쟁도 승리를 결정짓지 못한 채 중단되고 말았고, 소련이 헝가리와 체코의 봉기를 무력 진압하는 것을 그저 지켜볼 수밖에 없었다. 그리고 쿠바는 카스트로의 손에 넘어갔다.

그밖에도 많은 일들이 이 기간 동안에 미국이 지켜보는 가운데 벌어졌다. 따라서 나는 이 시기를 미국의 '헤게모니' 시대라고 부르는 대신 미국이 '최고'primacy 나 '탁월한'preeminence 지위를 누린 시기라고 부르는 게 더 적절하다고 생각한다. 이는 어떤 특정 국가가 국력을 가늠하는 세 가지 구성요소를 다른 나라들보다 특별히 더 많이 차지하고 있다는 의미에서 붙인 용어들이다.

1945년 이후 미국은 경제력 구성요소에서 탁월한 지위를 차지했다. 하지만 국력의 구성요소 가운데 정치-군사적인 면에서 세계는 미국이 헤게모니를 행사하는 게 아니라, 소련이 미국의 힘에 맞서 힘의 균형을 유지하는 양극체제였다. 이후 일극체제Unipolarity 가 도래한 것은 1991년에 소련 연방이 붕괴되고 나서였다.

이후 미국은 여러 나라들에게 공공재를 공급하는 친절한 패권국hegemon 으로서 세계질서를 주도하며 안보와 번영 같은 구호품을 다른 나라들에게 나누어 주었다. 하지만 그 구호품은 전 세계 모든 나라가 누릴 수 있는 공공재가 아니라, 미국이 주도하는 클럽에 가입한 나라들에게만 제공되는 회원제 물품이었다.

하지만 인도, 중국, 인도네시아, 콩고, 이란, 과테말라, 칠레 같은 비회원국들의 눈에는 클럽 회원국들에게 안보와 번영을 제공하기 위해 채택되는 수단들이 그렇게 우호적인 공공재로 보이지 않았다. 이처럼 헤게모니 개념이 갖고 있는 양면성 때문에 '미국의 세기'가 시작된 시기는 2차세계대전이 일어난 시점으로 잡는 게 좋다.

이 시기는 미국이 세계질서에 대해 완전한 통제권을 장악하지는 않았지만, 경제력 구성요소에서 최고 우위를 차지했고, 글로벌 세력균형에서 중심 역할을 하던 때였다. 따라서 '미국의 세기'가 탄생한 출생연도는 1941년이고, 사망연도는 아직 미정이다.

미국의 세기는 끝났는가? 라는 짤막한 질문에 대한 나의 답은 우리가 아직 미국 이후의 세계질서post-American world 속으로 들어서지는 않았다는 것이다. 다른 어떤 책이든 마찬가지겠지만 이 책이 '미래'를 내다볼 수는 없다. 그 이유는 앞으로 다가올 미래의 모습이 워낙 예측할 수 없는 사건들에 의해 많이 좌우될 것이기 때문이다.

우리가 미래를 예측해 보려고 노력하면 할수록 예측불가능한 여러 사건들이 더 많은 변수를 제공할 것이다. 그렇기 때문에 특정한 시간범위time horizon 를 정해서 따져볼 필요가 있다.

예를 들어 만약에 '미국의 세기'가 1941년에 시작됐다면, 2041년에도 미국은 다른 나라들을 상대로 글로벌 세력균형 면에서 중심적인 역할을 행사할 수 있을까? 그렇게 할 수 있도록 국력의 구성요소들을 가장 우월적으로 유지하고 있을까? 와 같은 식이다. 이 질문에 대한 내 대답은 "그럴 것이다."이다.

그런 의미에서 미국의 세기는 아직 끝나지 않았다. 하지만 국경을 뛰어넘는 다국적 세력과 비정부세력들로 인해 미국의 세기는 여러 중요한 방향에서 그 성격이 크게 바뀌고 있는 중이다. 그 성격이 어떻게 바뀌어나갈지는 앞으로 설명하게 될 것이다. 우선은 미국이 쇠퇴하고 있다는 주장에 대해 먼저 따져보기로 한다.

제 2 장

미국은
쇠퇴하고 있는가?

American Decline?

역사적인 관점에서 본다면 미국이 앞으로 세계 초강대국의 지위를 영원히 지속시키지는 못할 것이라고 보는 게 상식일 것이다. 그런데 국가의 생명주기는 과연 얼마나 될까? 정치적 집합체인 국가는 인간과 달리 명확하게 정해진 수명이 없는 사회적 구성물이다. 과학의 발달로 앞으로 인간의 수명이 좀 더 늘어날 전망이기는 하지만, 인간의 한계수명은 일반적으로 한 세기에 그치는 것으로 보는 게 맞다.

사람의 경우는 보통 외모를 보고 그 사람이 쇠퇴기에 들어섰는지 여부를 가늠해 볼 수 있다. 물론 이 경우에도 운동능력을 볼지, 맑은 정신을 유지하고 있는지 여부를 볼지에 따라 판단 결과가 달라질 수는 있을 것이다.

반면에 어떤 국가가 쇠퇴기에 들어섰는지 여부를 판정하기는 쉽지 않다. 국가의 경우는 판단의 근거를 정하기가 어렵고, 인간에 비해 한 계수명을 정하는 시간범위도 훨씬 더 길 수가 있다. 로마는 기원후 117년에 절정기를 구가했는데, 그로부터 350년 뒤에도 서로마제국은 멸망하지 않고 지속되고 있었다. 동로마제국은 1453년까지 존속했다.

역사의 교훈
Lessons from history

개 념정립 상에 이런 문제가 있음에도 불구하고, 전문가들은 강
대국의 생명주기를 1세기 단위로 분석하는 시도를 계속해 왔
다. 1919년에 영국의 지정학자인 할포드 매킨더^{Sir Halford Mackinder} 는
국가들의 발전이 서로 불균형적으로 이루어지기 때문에 100년 주기로
헤게모니를 둘러싼 세계전쟁이 일어날 가능성이 높다는 주장을 내놓
았다.

더 최근에는 정치학자 조지 모델스키^{George Modelski} 가 100년 주기로
세계 강대국의 지위에 변화가 일어난다는 100년 주기설을 주장했다.
먼저 대규모 전쟁이 일어나고, 승전국은 전후평화조약에 의해 강대국

의 지위를 인정받게 된다. 그런 다음 시간이 흐르면서 그렇게 확보한 승전국의 지위가 다른 나라들에 의해 다시 도전을 받고, 이어서 쇠퇴의 길을 걷게 된다는 것이다.

그는 이런 주기를 거친 강대국의 사례를 다음과 같이 제시한다. 포르투갈은 1516년부터 1540년까지 강대국이었다. 네덜란드는 1609년부터 1640년까지, 영국은 1714년부터 1740년까지와 1815년부터 1850년까지 두 차례 초강대국의 지위를 누렸다. 미국은 1914년부터 1945년 사이 두 번의 세계대전을 치르는 동안, 그리고 종전 이후부터 1973년 쇠퇴국면에 들어서기까지 강대국의 지위를 누렸다는 것이다.[1]

신新 마르크스주의 학자인 이매뉴엘 월러스틴Immanuel Wallerstein 은 이렇게 설명한다. 네덜란드의 헤게모니는 30년 전쟁으로 강대국 지위를 다졌고, 이후 1650년부터 쇠퇴의 길로 들어섰다. 영국의 헤게모니는 19세기 초 나폴레옹전쟁으로 시작된 뒤, 19세기 말에 쇠퇴기가 시작되었다. 그리고 미국의 헤게모니는 20세기에 있었던 두 차례의 세계대전과 함께 시작되었고, 이후 1967년부터 쇠퇴기를 맞게 되었다.[2]

이들의 설명은 모두 미국의 시대가 시작된 시기를 세계대전으로 잡고 있다. 하지만 두 주장 모두 1945~70년 사이 세계 총생산량에서 차지하는 미국의 몫이 줄어든 것을 일시적인 비정상의 '정상화' 현상으로 보지 않고 장기적인 하강 추세로 보는 오류를 범했다. 그래서 두 주장 모두 계속 내리막길을 걸어야 할 미국이 20세기 말에 이르러 세계 유일 초강대국의 자리에 오르게 된 이유를 제대로 설명하지 못한다.

많은 주장들이 제기되고 있지만, 헤게모니와 쇠퇴의 과정을 설명하는 거대 담론들은 이처럼 모호한 개념정리와 '프로크루테스의 침대' Procrustean beds 라는 개념오류의 함정에 빠져서 어려움을 겪는다. 침대 길이를 조정하지 않고, 사람의 다리를 침대에 억지로 맞춰 넣으려고 하는데서 생기는 개념오류를 말한다.

그와 마찬가지로 역사를 이상한 방법으로 자의적으로 늘렸다 줄였다 해서 문제가 생기게 된다. 한 나라의 역사를 1백년 단위로 해석하려고 하다 보면 시간을 어느 정도 임의로 재단하지 않을 수 없게 된다. 여기에서 허점이 생기는 것이다.

역사는 스스로 반복되지 않는다. 마크 트웨인은 '역사에는 간혹 리듬이 있다.'는 재치 있는 말을 했지만, 인간은 역사에서 자신이 듣고 싶은 리듬만 골라서 듣는다는 교훈을 잊어선 안 된다.

미국인들이 미국의 쇠퇴를 걱정해온 역사는 오래 됐다. 17세기에 매사추세츠만 식민지를 건설한 직후부터, 청교도들 가운데 일부는 초기의 정신이 훼손되었다고 한탄하기 시작했다.

18세기에는 미국 건국의 아버지들이 로마의 역사를 강조하며 신생 아메리카 공화국의 쇠퇴를 걱정했다. 19세기에는 찰스 디킨스Charles Dickens 가 "미국인들을 보면 언제나 우울하고, 의기소침해 있고, 언제나 크나큰 위기에 처해 있다. 그렇지 않은 적이 한 번도 없었다."고 썼다. 3

정치학자 새뮤얼 헌팅턴Samuel P. Huntington 은 20세기 후반에 진행된 미국의 쇠퇴를 다음과 같이 5단계로 정리했다. 1957년 소련이 최초의 인공위성을 발사한 후, 1960년대 말 닉슨 대통령이 다극화 시대의 도래를 선언한 후, 1973년 아랍이 석유수출금지 조치를 단행한 후, 1970년대 말 소련이 팽창정책을 시작한 후, 1980년대 말 레이건대통령 시절 재정적자와 무역적자가 시작된 이후 등이다. 4 여기에 덧붙여 21세기에 들어와서 겪은 2008년의 금융위기와 대침체 이후를 쇠퇴기 목록에 추가해야 할 것이다.

2002년에 퓨Pew 리서치가 실시한 세계무대에서 미국이 차지하는 지위에 관한 여론조사에 따르면, 미국민 55퍼센트가 미국이 10년 전에 비해 더 중요하고 더 강한 나라가 되었다고 응답했다. 더 약한 나라가 되었다고 대답한 응답자는 17퍼센트에 불과했다. 그런데 2013년에 실시한 같은 기관의 조사에서는 이 수치가 거의 정반대로 나타났다. 5 제임스 팰로스James Fallows 는 미국이 2차세계대전 후 세계적인 초강대국으로 부상한 이후부터 '미국의 쇠퇴'라는 말에 '다른 특정 국가와 비교해서 뒤떨어지는 것'이라는 의미가 포함됐다고 지적한다. 그 전에는 쇠퇴라는 말의 의미가 '누군가의 기대에 못 미치는 상태'라는 정도로 받아들여졌다. 하느님의 기대에 못 미치는 것, 건국 아버지들의 기대에 못 미치는 것, 후세의 기대에 못 미치는 것, 혹은 과거 영광스러웠던 시절에 지녔던 덕목에 못 미치는 것 등이었다.[6]

이런 설명은 지정학적인 분석에 근거한 것이라기보다는 많은 미국인들이 갖고 있는 심리적인 측면의 일단을 보여주는 것이다. 그러면서도 또한 미국의 쇠퇴가 미국정치에서 얼마나 아픈 곳을 자극하는 말인지도 잘 보여준다. 이 주제는 지금도 매일 매일 미국의 정당정치 무대에서 수없이 반복되는 공격과 방어의 주요한 소재가 되고 있다.

헌팅턴이 말했듯이 쇠퇴를 둘러싼 이런 논란들은 미국인들로 하여금 스스로를 되돌아보게 만들고, 미래 발전의 동인으로 작용한다면 크게 문제될 것이 없다. 하지만 쇠퇴를 둘러싼 이런 걱정과 갈등들은 간혹 애국주의의 과도한 분출과 보호주의적인 정책결정으로 이어져 미국 자신에게 해가 되는 수가 있다.

쇠퇴에 대한 걱정과 정반대로 2002년은 자만심이 넘친 시기였다. 그 결과 미국은 2003년 3월에 이라크 침공이라는 도를 넘어서는 정책결정을 하고 말았다. 따라서 미국의 힘을 과소평가하거나 과대평가하는 것 모두 미덕이 될 수 없다.

미국이 실제로 쇠퇴하고 있는지를 살펴보기 전에 먼저 '쇠퇴'decline 라는 말이 지나치게 모호할 뿐만 아니라, 두 개의 전혀 다른 개념을 한데 묶어놓은 용어라는 점을 지적하지 않을 수 없다. 두 개의 다른 개념 가운데 하나는 외적인 힘external power 이 상대적으로 약화되는 것을 가리키고, 다른 하나의 개념은 내적인 힘이 약화되거나deterioration 부패 decay 된다는 뜻을 가리킨다.

외적인 힘의 약화는 상대적인 개념이고, 내적인 힘의 약화는 절대적인 개념이다. 이 두 개념은 서로 연관된 경우가 많지만, 반드시 그런 것은 아니다.

17세기에 스페인은 내부적으로 경제적인 어려움을 겪었고, 그 때문에 외부적으로도 쇠퇴 국면에 들어서 있었다. 이와 반대로 네덜란드의 경우는 경제적으로는 호황을 누렸지만, 외부적으로 영국 같은 다른 나라들이 강대해지면서 상대적으로 쇠퇴기에 놓이게 되었다. 그리고 베네치아공화국은 아드리아해의 무역로가 변경되며 외부적으로 쇠퇴하게 됐지만, 그럼에도 불구하고 내부적으로는 문화적인 발전을 계속했다.

로마제국의 서쪽 절반은 강대한 도전국가의 등장으로 희생된 것이 아니라, 소수 유목민 부족들의 공격을 지속적으로 받고, 그로 인해 가해지는 장기적인 압력을 견디지 못해 무너진 것이다. 모두 로마보다 약한 부족들이었다.

로마는 시민들의 부패, 내부의 분란, 그리고 비효율적인 행정기능과 군사력의 안이한 운용 때문에 자신들보다 힘이 훨씬 약한 유목민들에게 약탈당해 무너지게 된 것이다. 로마는 내부적으로 절대적인 쇠퇴상태에 있었다. 다시 말해, 국력의 구성요소들을 효과적인 행동능력으로 전환할 수 있는 힘을 상실한 것이다.

그렇다면 대영제국의 쇠퇴는 어떻게 설명할 것인가? 대영제국은 미국에 있는 중간 정도 크기의 주州 만한 영토를 가지고서 지구의 4분의 1을 통치했다. 전 세계적으로 민족주의 바람이 불기 이전에 제1차 산업혁명의 힘을 바탕으로 영국은 그런 막강한 지위를 누릴 수 있었다. 내부적으로 확보한 국력의 자원을 확장정책을 수행하는 데 필요한 외부의 힘으로 성공적으로 전환시킨 경우이다. 1900년에 이르러서는 많은 사람들이 영국이 그러한 지위를 계속 유지할 수 있을지 걱정하기 시작했다.

미국 작가 브룩스 애덤스Brooks Adams 는 높은 생활수준에 도취된 탓인지 보어전쟁에서 희생을 감수하지 않으려는 영국의 내부 분위기를 보고 영국이 활력을 잃었다고 지적했다. 하지만 1차세계대전에서 영국은 많은 희생자를 내며 엄청난 희생을 감수하고 싸웠기 때문에 애덤스의 이런 지적은 정확하지 않다고 할 수 있다.

영국은 세계 최대 규모의 공군력과 해군력을 보유하며 제1의 제국을 유지했다. 하지만 독일과의 30년 전쟁과 미국, 일본 같은 새로운 해양 강국의 등장, 제국 내 곳곳에서 불기 시작한 민족주의 바람 등 외부적인 요인들로 인해 영국의 상대적인 힘은 줄어들었다.

내부에서도 절대적인 쇠퇴의 징조들이 나타났다. 특히 화학, 전기와 같은 새로운 분야를 포함해 산업 각 분야에서 생산성을 유지하는 데 실패했다. 식민지배에 필요한 학문과 기술 인력을 키워낸 교육 시스템도 흔들렸다. 그리고 성공한 기업가들은 창업자의 길을 계속 걷기보다는 지주계급으로 안주하는 쉬운 길을 찾았다. 국내투자가 줄어들며 국민순생산의 8퍼센트를 넘는 자본의 대량 유출이 일어났고, 이는 영국 경제에 축복인 동시에 저주가 되었다.

하지만 당시 영국이 당면한 가장 큰 문제는 상대적인 쇠퇴의 길을 걷고 있었다는 점이다. 다른 강대국들의 부상이 없었다면 영국은 그런 내부적인 문제들을 이겨낼 수 있었을지도 모른다. 따라서 지금 미국이 안고 있는 국내 문제들을 따져보기에 앞서, 먼저 상대적인 쇠퇴라는 측면에서 문제를 살펴볼 필요가 있다. 그러기 위해 우선 어떤 나라들이 미국의 잠재적인 도전자가 될 수 있을지 알아보기로 한다.

제 3 장

미국을 위협할
도전 세력들

Challengers and
Relative Decline

미국이 절대적인 면에서 쇠퇴 국면에 접어든 게 아니라고 하더라도
다른 나라들이 부상하면서 그 결과로 미국의 세기가 끝날 수도 있다.
영국이 17세기 들어서 번영을 구가하던 네덜란드를 제치고 더 강성한
나라로 발돋움한 것처럼 미국보다 더 부강한 나라가 등장할 수 있다는
말이다.

19세기 말에는 유럽에서 독일과 러시아가 부상하고, 태평양에서는
일본이 강국으로 부상했다. 그리고 서반구에서 미국이 부상했다. 그
러자 당시 영국은 여러 다양한 분야에서 미국의 입장을 고려하지 않을
수 없게 되었다. 해군 전략도 유럽 부근으로 활동범위를 제한하게 된

다. 그때까지는 2위와 3위 전력을 합한 것보다 더 강한 전략을 보유한다는 것이 영국의 해군 전략이었다.

앞으로도 어떤 특정 단일 국가의 국력이 미국을 능가하기는 쉽지 않을지 모른다. 하지만 여러 국가가 힘을 합한 동맹체가 등장한다면 미국의 지배체제를 마감시키고, 세계질서를 좌지우지하는 미국의 힘에 종지부를 찍을 수 있을 것이다. 그렇다면 앞으로 과연 누가 미국을 상대로 그런 역할을 담당할 만한 후보 세력이 될 수 있을까?

유럽
Europe

하나의 단위로 보면, 유럽은 현재 세계에서 가장 큰 경제 주체이다. 미국의 경제규모는 독일경제보다 4배나 더 크다. 하지만 유럽연합의 전체 GDP는 미국의 GDP보다 조금 더 많고, 인구도 거의 5억에 육박해 3억 1천만 명인 미국보다 훨씬 더 많다. 미국의 1인당소득은 유럽연합보다 높지만, 인적자원과 기술, 수출 면에서 유럽은 미국과 어깨를 나란히 하는 경쟁 상대이다. 그리스를 비롯한 유럽의 재정위기가 금융시장에 위기를 몰고 온 2010년의 경제위기를 겪기 전까지만 해도 유로가 조만간 달러를 제치고 세계 제1의 준비통화reserve currency 자리를 차지하게 될 것이라고 예측한 경제학자들이 있었다.

군사자원 면에서 보면 유럽이 군사비로 지출하는 돈은 미국의 절반에도 못 미친다. 하지만 병력수는 유럽이 미국보다 더 많다. 영국과 프랑스는 핵무기를 보유하고 있고, 제한적이지만 아프리카와 중동을 대상으로 해외 군사개입 능력을 갖고 있다. 그리고 소프트파워 면에서 유럽문화는 오랜 세월에 걸쳐 전 세계적으로 많은 사랑을 받아 왔으며, 브뤼셀을 중심으로 일어나는 유럽통합의 분위기는 주변 이웃국가들의 호응을 받아 왔다. 물론 이런 분위기가 재정위기 이후 어느 정도 가라앉기는 했다. 그렇지만 국제기구에서도 유럽국가들은 핵심적인 역할을 하고 있다.

유럽의 국력 구성요소를 평가하는 데 있어서 가장 핵심적인 질문은 바로 유럽연합^{EU}의 미래이다. 유럽연합이 계속해서 정치, 사회, 문화적으로 응집력을 발휘하여 다양한 국제문제를 다루는 데 있어서 하나의 단일 주체로 움직일 것이냐, 아니면 서로 다른 국가이념과 정치문화, 대외정책을 가진 여러 국가들이 제한적으로 모이는 수준에 머물 것이냐 하는 점이다.

유럽의 국력전환능력은 제한적이다. 프랜시스 후쿠야마^{Francis} ^{Fukuyama}는 이 국력전환능력을 국가가 확보한 자원^{resources}과 영향력으로 발휘되는 결과물^{outcomes}의 간극을 나타내는 할인율$^{discount\ rate}$이라고 불렀다.

유럽이 가진 국력전환능력은 제한적이고, 여러 다양한 문제들에 따라 다르다. 무역과 세계무역기구^{WTO} 안에서의 영향력 면에서 유럽은 미국과 동등한 힘을 발휘한다. 국제통화기구^{IMF}에서의 역할 면에서도 유럽은 재정위기로 유로에 대한 신뢰에 금이 가기는 했지만 미국에 이어 2위를 차지하고 있다.

독과점금지 문제에 있어서는 유럽시장이 워낙 매력 있고, 규모가 크기 때문에 합병을 원하는 미국 기업들은 미국 법무부뿐만 아니라 유럽연합 집행위원회의 승인을 받아야 하는 단계에 이르렀다. 사이버 세상에서는 사생활 보호에 관해서 유럽연합이 글로벌 스탠더드를 정하고 있고, 다국적 기업들은 이 기준을 무시하지 못한다.

그런가 하면 유럽은 현재 통합문제에 있어서 심각한 제약을 받고 있다. 일부 젊은 층에서는 유럽통합을 우선시하는 경향이 있지만, 유럽의회 선거에서 나타나고 있듯이 유럽인이라는 생각보다는 개별 국가로서의 정체성이 여전히 더 우세한 편이다. 따라서 지금의 유럽연합 제도를 가지고서는 하나의 강력한 유럽연방이나 단일 유럽국가가 출현할 가능성은 낮아 보인다.

그렇다고 지금의 유럽연합 제도들이나 이 제도들이 이룬 성과들을 과소평가할 수는 없다. 법적인 통합은 확대되고 있으며, 유럽재판소의 판결은 회원국들로 하여금 정책변화를 하도록 만들고 있다. 그런가 하면, 유럽통합의 입법 부문과 행정 부문은 진전이 별로 없는 상태다.

유럽은 현재 대통령격인 유럽정상회의의장과 외교 부문을 대표하는 외교대표 직을 만들었지만, 외교와 국방 부문의 통합작업은 여전히 극히 제한적인 수준에 머물러 있다. 종합적으로 말해 유럽 국가들은 아직 한 배에 모두 올라타지 않은 상태이다. 그러나 개별 국가들을 함께 묶는 작업은 역사적으로 볼 때 매우 의미 있는 방향으로 진행되고 있다고 할 수 있다.

유럽은 이처럼 계속 변하고 있지만, 앞으로도 유럽이 미국을 추월할 가능성은 없어 보인다. 유럽은 현재 심각한 인구문제에 직면해 있다. 출산율도 큰 문제이고, 이민자를 받아들이는 정책을 둘러싼 논란도 정치적으로 심각한 문제이다. 1900년에 유럽 인구는 세계인구의 4분의 1을 차지했다. 하지만 2060년이 되면 유럽인구는 세계인구의 불과 6퍼센트에 불과하게 될 것이다. 그마저도 인구의 3분의 1은 65세 이상의 고령인구가 차지하게 된다.

군사비 지출 면에서 보면 유럽은 세계 전체 군사비의 15퍼센트를 차지하며 미국에 이은 2위를 기록하고 있다. 참고로 중국은 세계 전체 군사비의 11퍼센트, 러시아는 5퍼센트를 차지한다. 하지만 이러한 수치는 오해를 불러올 수 있다. 왜냐하면 유럽은 아직 군사비 통합이 이루어지지 않은 상태이기 때문이다. 경제력에서 유럽은 세계에서 가장 큰 시장을 갖고 있으며, 전 세계 무역거래의 17퍼센트를 차지한다. 미국은 12퍼센트이다.

그리고 전 세계 대외원조 가운데 절반을 유럽이 지출하고 있다. 미국은 20퍼센트를 쓴다. 하지만 유럽은 이렇게 많은 돈을 쓰면서도 아시아같이 멀리 떨어진 지역에서 큰 영향력을 발휘하지 못하고 있다. 소프트파워 면에서 보면, 유럽은 세계 100대 대학 목록에 27개 대학이 이름을 올렸다. 미국은 52개 대학이 랭크됐다. 그리고 미국은 GDP의 2.7퍼센트를 대학과 연구 발전 분야에 투자하고 있는데, 이는 유럽의 두 배가 넘는 수치이다.

유럽의 문화산업은 대단히 인상적이기는 하지만, 규모 면에서 보면 미국의 문화산업보다 작다. 유럽연합에서 '창조적 산업' 분야가 차지하는 GDP 기여도는 7퍼센트인 반면, 미국의 경우는 11퍼센트이다.[1] 유네스코의 2009년 자료에 따르면, 장편극영화feature films 상위 20편 가운데 14편이 순전히 미국 안에서 제작됐다. 유럽에서도 미국 안에서 제작된 영화가 박스오피스를 장악하며 전체 수입의 73퍼센트를 차지하는 것으로 나타났다.[2]

만약에 유럽이 내부의 여러 이견을 극복하고 전통적인 힘의 균형 면에서 미국의 글로벌 경쟁자가 되려고 노력한다면, 자신들이 갖고 있는 이런 자산들을 가지고 미국과 동등하지는 않더라도 균형자 역할을 하는 수준까지는 힘을 끌어올릴 수 있을 것이다. 하지만 유럽과 미국이 동맹자 관계를 계속 유지하거나 최소한 중립적인 관계를 유지한다면 양측 모두 서로의 힘을 더 키울 수 있다.

미국과 유럽은 이처럼 서로 마찰을 완전히 피할 수는 없겠지만, 그렇다고 해서 양측이 경제적으로 완전히 분리될 가능성은 없다. 양측 사이에 이루어지고 있는 상호 직접투자는 아시아에 대한 투자보다도 더 많고, 이런 점이 두 경제권을 한데 묶는 데 도움이 되고 있다. 나아가 미국과 유럽의 무역관계는 미국과 아시아의 무역관계보다 더 균형을 이루고 있다.

문화 면에서 미국과 유럽은 수 세기 동안 서로 비판을 주고받아 왔지만, 양측은 지구상의 다른 어떤 나라들보다도 민주주의와 인권이라는 가치를 함께 공유하고 있다. 미국과 유럽 가운데 어느 쪽도 상대방의 핵심적인 이익이나 중요한 이익을 위협할 가능성은 없다.

앞으로도 양측 사이에 크고 작은 정치적인 갈등은 계속되겠지만, 미국보다 더 강력한 통합유럽이 출현해 미국의 세기를 끝장낼 가능성은 대단히 낮다.

일본
Japan

일본도 유럽과 비슷한 경우에 속한다. 30년 전 일인당 국민소득이 일본에게 추월당하자 많은 미국인들은 일본한테 최강국의 자리를 내주는 것 아니냐는 두려움을 가졌다.

앞으로 일본이 주도하는 태평양 블록이 형성될 것이고, 미국은 이 블록에서 배제될 것이라는 예상을 내놓는 학자들도 많았다. 심지어 일본과 미국이 결국에는 전쟁을 하게 될 것이라는 전망까지 나왔다.

어떤 학자들은 일본이 핵무장을 할 것이라는 예상도 내놓았다. 이런 견해들은 일본이 이룬 괄목할만한 경제성장을 바탕으로 추론해낸 것이었다. 하지만 지금 돌이켜보면 이런 예측들은 급성장하는 경제성장률을 근거로 단선적인 예측을 하는 것이 얼마나 위험한 일인지를 우리에게 상기시켜 줄 뿐이다.

미국에 위협적인 국가로 계속 성장하는 대신 일본경제는 잘못된 정책운용 탓에 이후 20년간 저성장의 고통을 겪었고, 1990년대 초에는 부동산 투기버블까지 터졌다. 2010년에는 일인당소득 면에서는 일본의 6분의 1에 불과한 중국경제가 총 경제규모 면에서(달러 기준) 일본을 추월했다.

하지만 최근의 이런 부진한 실적에도 불구하고 일본은 여전히 막강한 국력의 구성요소들을 보유하고 있다. 그리고 아베 신조 정부는 경제성장률을 끌어올리는 정책을 계속 추진하고 있다. 일본은 여전히 세계 3위 경제대국의 지위를 고수하고 있으며, 최첨단 산업을 비롯해 아시아에서 가장 현대화된 첨단 군사력을 보유하고 있다.

중국이 핵무기를 보유하고, 수적으로 일본보다 우세한 병력을 보유하고 있지만 장비 면에서는 일본이 더 우위에 있다. 그리고 일본은 마음만 먹으면 언제든지 핵무기를 개발할 수 있는 기술력을 갖고 있다.

일본은 현재 심각한 인구문제를 겪고 있다. 1억 7500만 명인 인구는 2050년이 되면 1억 밑으로 줄어들 것이라는 전망이다. 그리고 일본은 이민자를 쉽게 받아들이려고 하지 않는 문화를 갖고 있다. 그러나 일본은 여전히 높은 생활수준을 유지하고 있으며, 숙련된 노동력과 안정된 사회, 상대적으로 깨끗한 공기와 물, 여러 분야에서 선진 기술과 제조능력을 갖고 있는 나라이다. 그리고 전통문화와 대중문화를 포함한 문화 전반에서 발전해 있고, 해외원조, 국제기구 지원 등을 활발히 함으로써 소프트파워 면에서도 강점을 갖고 있다.

지난 세기 말에는 일본이 국제적으로 미국의 경쟁자가 될 것이라는 전망이 있었다. 하지만 이제는 경제적인 면에서나 군사적인 면에서나 일본이 미국의 도전자가 될 가능성은 희박하다. 겨우 캘리포니아주 크기 만한 국토를 가진 일본이 영토나 인구 면에서 미국에 대적할 방법은 없다.

일본은 현대화와 민주주의, 대중문화와 같은 소프트파워 면에서 강점을 갖고 있지만, 아쉽게도 편협한 인종주의적인 태도와 그런 태도에 입각해서 만들어지는 정책들이 강점을 상쇄시키고 있다.

일본의 일부 정치 지도자들이 자위수단을 제외한 군사력 보유를 금지한 헌법 제9조의 수정을 시도하고 있고, 일부에서는 핵무장 필요성까지 거론하고 있다. 만약에 미국이 일본과의 동맹관계를 폐기하려고 한다면 일본은 안보불안 때문에 자체 핵능력을 개발하려고 들 가능성이 있다. 하지만 일본이 핵무장을 한다고 하더라도 진정한 의미에서 미국의 경쟁자가 되기에는 한참 모자랄 것이다.

만약에 일본이 중국과 동맹관계를 맺는다면 두 나라의 힘을 합친 국력은 분명히 미국에 위협적인 존재가 될 것이다. 2006년에 중국은 일본의 최대 교역국이 되었다. 하지만 동중국해East China Sea 에서 벌어지고 있는 영토분쟁과 1930년대에 있었던 역사적인 악연 때문에 두 나라 사이에 동맹관계가 수립될 가능성은 별로 없다. 두 나라 사이에 있었던 역사적인 악몽은 여전히 해소될 기미를 보이지 않고 있다.

세계무대에서 일본의 바람직한 역할에 대해서도 중국과 일본은 서로 다른 입장을 갖고 있다. 예를 들어 중국은 일본이 유엔안보리 상임이사국이 되려는 노력에 대해 반대하는 입장이다. 중국은 일본을 견제하려고 하고 있고, 일본은 그런 중국의 행동이 못마땅할 것이다.

실현가능성이 매우 희박한 가정이지만, 만약에 미국이 동아시아에서 물러나는 상황이 온다면, 일본은 국익을 위해 중국이 주도하는 시류에 편승하려고 들지도 모르겠다.

하지만 일본은 중국의 강대국 부상에 대한 우려가 크기 때문에 미국과의 동맹을 계속 유지하려고 할 가능성이 더 높다. 전통적인 세력균형의 측면에서 볼 때 일본은 미국의 지원을 받아 중국을 견제하고, 중국으로부터 독립적인 지위를 계속 유지하려고 할 가능성이 높다.

일본의 이러한 입장은 이 지역에서 미국의 위상을 강화해 주는 역할을 한다. 그렇기 때문에 앞으로도 중국과 일본의 협력을 전제로 하는 동아시아 동맹이 미국의 세기에 위협을 가할 가능성은 희박하다.

전통적인 현실주의 입장에서 볼 때는 세계적으로 높은 수준의 일인 당소득을 가진 두 선진 경제 국가가 미국과 동맹관계를 유지하도록 만드는 게 대단히 중요하다. 그에 덧붙여서 유럽과 일본이 힘을 합쳐 점차 심각해지고 있는 초국가적인 문제들에 대처할 거대한 자원 풀을 제공해 주도록 하는 게 좋다.

이런 선진 경제 국가들의 국가이익이 미국의 국가이익과 굳이 일치하지 않더라도 무방하다. 이 국가들이 보유하고 있는 사회적 네트워크와 정부 간 네트워크는 상호 중첩되는 부분이 상당히 많다. 이런 부분들을 활용해 협력의 기회를 함께 만들어나가는 게 중요하다.

그렇게 해서 이런 힘들이 미국의 세기를 끝장내는 데 쓰이는 게 아니라, 지구 차원의 공공재를 공동으로 만들어 나가는 유익한 용도로 활용될 수 있도록 해야 한다.

러시아
Russia

19 50년대에는 많은 미국인들이 소련이 조만간 미국을 추월해 세계 제일의 강대국이 될 것이라는 두려움을 가졌다. 당시 소련은 세계 최대의 영토를 보유한데다, 세 번째로 많은 인구, 세계 2위의 경제력을 갖고 있었으며, 석유와 가스 생산량은 사우디보다 앞서 있었다. 그리고 전 세계 핵무기의 거의 절반을 보유하고 있고, 병력 수에 있어서 미국을 앞섰다. 연구개발 분야 종사자 수도 세계 최고였다.

당시 소련은 선전기관을 총동원해 공산주의가 결국 승리할 것이라는 신화를 퍼뜨렸다. 1959년에 니키타 흐루시초프는 1970년, 늦어도 1980년이 되면 소련이 미국을 능가할 것이라고 호언했다. 하지만 1980년이 되어도 그런 일은 일어나지 않았고, 1986년에 미하일 고르바초프는 소련경제가 "완전히 망가지고, 모든 면에서 뒤졌다."고 고백하기에 이르렀다.[3] 그리고 1991년에 소련은 붕괴됐다.

1991년에 소련연방이 붕괴되고, 그 뒤를 이은 러시아는 소련이 보유하고 있던 인구와 경제력의 절반을 물려받았다. 공산주의 이데올로기라는 소프트파워는 이미 쇠퇴한 정도를 지나 사실상 사라지고 없었다. 러시아는 미국보다 더 많은 핵무기를 계속 보유하게 되었지만, 전 세계를 상대로 행사할 수 있는 무력실행 능력은 크게 약화되었다. 러시아는 2008년에 그루지야, 2014년에는 우크라이나를 상대로 이웃 약소국들에 대한 무력 사용능력을 일시적으로 보여주었을 뿐이다.

국력의 경제적인 구성요소 면에서 러시아는 GDP가 2조 5천억 달러로 미국 GDP의 7분의 1 수준이다. 일인당소득(구매력평가 기준)은 1만 8000달러로 미국의 약 3분의 1에 그친다. 그리고 러시아경제는 에너지 분야 의존도가 매우 높다. 석유와 가스가 러시아 전체 수출의 3분의 2로 GDP의 20퍼센트를 차지한다. 그리고 전체 생산품 수출에서 첨단기술 분야 수출이 차지하는 몫은 7퍼센트에 불과하다. 미국은 28퍼센트에 이른다.

더구나 러시아는 경제 전반에 자원의 비효율적인 배분이 이루어지고 있고, 제도와 법적인 구조가 부패함에 따라 민간투자가 지속적으로 이루어지지 못하고 있다.

매력적인 러시아 전통문화를 갖고 있고, 블라디미르 푸틴 대통령이 러시아의 소프트파워를 키우자고 호소하고 있음에도 불구하고, 이웃 약소국들을 괴롭히고, 국수주의를 강조하는 푸틴의 정책이 주변 국가들로부터 불신을 키우는 반대 효과를 내고 있다. 외국에서 러시아 영화를 관람하는 사례는 거의 없고, 글로벌 100대 대학에 이름을 올린 러시아 대학은 단 한 곳뿐이다.

코카서스 지방이 여전히 불안정한 위협 요소로 남아 있기는 하지만, 민족분쟁이 다시 일어날 가능성은 소련시절보다 줄어들었다. 옛 소련 시절에는 비非 러시아인 비율이 인구의 절반을 차지했지만, 현재 러시아연방의 경우 비 러시아인 비율은 20퍼센트이고, 이들이 차지하는 영토는 러시아 전체의 30퍼센트 정도 된다.

효율적인 시장경제를 운영하는 데 필요한 정치적인 제도는 크게 미비하며, 악덕 국가 자본주의가 횡행하면서 효과적인 규제 시스템이 작동되지 못하도록 막고 있고, 법치의 등장을 가로막아 신뢰를 떨어뜨리고 있다.

그리고 공공보건 시스템이 붕괴되면서 사망률은 올라가고, 출생률은 감소하고 있다. 러시아 남성의 평균수명은 60대 초로 선진경제국으로서는 놀라울 정도로 낮은 수치이다. 유엔의 인구학자들이 내놓는 전망에 의하면 현재 1억 4500만 명인 러시아 인구는 이번 세기 중반에 이르면 중간범위를 기준으로 추산할 때Mid-range estimates 1억 2100만 명으로 줄어들 것이라고 한다.

미래가 어떻게 달라질지는 여러 가지 가능성이 열려 있지만, 현재의 추세대로라면 러시아는 쇠퇴의 길을 걷고 있는 것이 분명하다. 부패한 제도와 해결책이 보이지 않는 인구문제, 보건문제를 안고서 한 가지 상품만 추구하는 '한 작물 경제'one crop economy 로는 미래가 없다. 하지만 러시아의 이러한 쇠퇴현상을 지나치게 과장해서 받아들여서는 안 된다. 왜냐하면 러시아는 지금도 방위산업 같은 분야에 우수한 인적자원을 보유하고 있고, 첨단 생산품을 만들어낼 수 있는 능력을 갖고 있기 때문이다.

여러 전문가들이 러시아도 개혁과 현대화를 실행한다면 이런 문제들을 극복할 수 있을 것이라고 생각한다. 러시아가 '중진국 함정'middle income trap 에 빠져 침체기를 겪게 될지 모른다고 경고한 드미트리 메드베데프 전 대통령은 러시아경제 현대화계획을 발표하면서 "부끄러운 수준에 와 있는 천연자원 의존 경제체제를 버리고, 세계의 강대국 지위를 유지하는 데 필요한 노력을 가로막는 소련식 태도를 버려야 한다."고 주문했다.⁴ 하지만 그가 발표한 경제현대화계획 가운데서 실행에 옮겨진 것은 거의 없다. 사회 전반에 만연한 부패가 러시아경제의 현대화를 가로막고 있기 때문이다.

블라디미르 푸틴 치하에서 러시아는 제국주의 이후 새로운 방향으로의 전환에 실패했으며, 지금도 여전히 세계무대에서 과거에 자신이 차지하고 있던 지위에 집착한 나머지, 유럽국가라는 역사적인 정체성과 슬라브 숭배라는 민족주의 사이에서 갈팡질팡하고 있다.

1914년 쇠퇴의 길을 걷던 강대국 오스트리아-헝가리 제국과 오스만 제국은 국제화 된 무대에 적응하지 못하고 전환과정에서 대단히 무능력함을 보여주었다. 푸틴의 러시아도 장기적인 회복전략을 갖지 못하고, 국내안보와 잠재적인 외부의 위협, 그리고 허약한 이웃국가들을 상대로 그때그때 즉흥적인 대응에만 매달려 왔다.

그래서 러시아는 현재의 상황을 고수하면서, 한편으로는 미국의 초강대국 지위에 불만을 갖는 다른 수정주의 강국들을 부추기는 자극제 역할을 자임하고 있다. 다시 말해 '수정주의 스포일러'revisionist spoiler 국가가 된 것이다.

하지만 이러한 반反 자유주의anti-liberalism 와 러시아 민족주의 이데올로기는 러시아의 소프트파워를 약화시키는 빈약한 구성요소들이다. 러시아는 국경을 뛰어넘어 보편적인 호소력을 갖는 이데올로기를 추구하는 대신, 스스로를 좁은 이념의 틀에 가둠으로써 자신에 대한 불신을 조장하고 있다.

그렇기 때문에 유럽연합에 대응하는 유라시아연합Eurasian Union 을 창설하겠다는 러시아의 계획은 실현될 전망이 대단히 희박하다.

푸틴이 추구하는 이러한 수정주의 노선이 어떤 결과를 가져오든 불문하고 러시아는 앞으로도 미국에게 문제를 안겨줄 수 있는 힘의 구성요소들을 계속 보유하게 될 것이다. 러시아는 지금도 여전히 핵 강국이다. 그리고 석유와 가스, 사이버 테크놀로지 분야의 기술, 유럽과의 지리적 근접성, 중국과의 잠재적인 연대 가능성 등이 이런 판단을 하게 만드는 근거이다.

여기에 덧붙여 푸틴은 포퓰리즘에 입각한 민족주의를 내세워 국내의 높은 지지를 이끌어냄으로써 미국을 위협할 수 있는 근거를 만들어낼 것이다. 하지만 그럼에도 불구하고 러시아는 냉전시대에 그랬던 것처럼 미국에 맞서서 세력균형을 이룰 만한 능력은 갖지 못할 것이다. 따라서 러시아의 도전이 미국의 세기를 종식시킬 만한 위협요인으로 성장할 가능성도 없다.

러시아—중국이 연합해서 미국의 세기를 종식시킬 가능성은 있을까? 전통적인 세력균형 면에서 본다면 미국의 초강대국 지위에 대해 두 나라가 힘을 합쳐 그런 대응을 하고 나올 가능성은 배제할 수 없다. 역사적으로 그런 선례도 있다. 1950년대에 중국과 소련은 미국을 상대로 연합세력을 구축했다. 하지만 1972년에 닉슨이 중국과 국교를 정상화하면서 그러한 힘의 삼각관계는 방향을 달리 바꾸었다. 미국과 중국이 당시 두 나라 모두에게 위협적인 세력이라고 본 소련의 힘을 억제하기 위해 손을 서로 맞잡은 것이었다.

이런 연합은 소련의 붕괴와 함께 막을 내렸다. 1992년에 러시아와 중국은 두 나라 관계를 '건설적인 파트너십'constructive partnership 관계라고 선언했다. 그리고 1996년에는 '전략적인 파트너십'strategic partnership, 2001년 7월에는 '우호협력조약'을 체결했다. 이후 두 나라는 유엔안보리에서 긴밀하게 협력하고, 국제적인 인터넷 통제 문제에 대해서도 서로 비슷한 입장을 취하고 있다.

그리고 두 나라는 브릭스BRICS 와 상하이협력기구Shanghai Cooperation Organization 등 여러 다양한 외교적인 프레임워크를 무대로 이용해 서로의 입장을 조율하고 있다. 푸틴 대통령과 시진핑習近平 국가 주석은 자유주의를 억제하는illiberalism 공통의 국내 정책기조와 미국의 이데올로기와 외교에 대응한다는 공동의 목적으로 서로 유용한 실무관계를 구축하고 있다.

하지만 이런 외교적인 레토릭에도 불구하고, 중국과 러시아 두 나라가 전술적인 외교협력 관계를 뛰어넘어 장기적인 협조체제를 구축하는 데는 심각한 장애들이 앞을 가로막고 있다. 강대국으로 새롭게 부상 중인 중국으로서는 미국의 무역, 기술력에 대한 접근을 포함해 현재 유지되고 있는 관계로부터 더 많은 것을 얻어내야 할 처지이다. 러시아와는 처지가 다른 것이다.

더구나 러시아와 중국 사이에는 역사적인 불신의 벽이 아직 남아 있다. 두 나라는 현재 중앙아시아에 대한 영향력 확보를 놓고 서로 경쟁 관계에 놓여 있고, 러시아는 자신들과의 무역관계를 생산품과 원자재의 거래라는 시각에서 접근하는 중국의 입장이 대단히 못마땅하다.

러시아 쪽 국경에는 6백만 명, 중국 쪽 국경에는 1억 2000만 명이 거주하고 있는 극동의 인구분포도 러시아로선 우려하지 않을 수 없는 고려사항이다. 러시아가 경제적, 군사적으로 상대적인 쇠퇴를 겪는 점도 중국의 부상에 대한 러시아의 우려를 키우는 데 한몫하고 있다.

2009년에 러시아는 핵무기를 선제적으로 사용할 수 있는 권한 보유를 명시적으로 밝힌 새로운 군사독트린을 선언했다. 냉전시절에는 미국이 소련의 재래무기 우위에 대한 억제책으로 이 핵 억지력 정책을 유지했다. 나아가 러시아는 지금도 단거리 전술핵무기를 대량으로 보유하고 있다. 많은 군사 전문가들이 러시아의 새 군사독트린이 동아시아에서 재래무기 우위를 확보하고 있는 중국의 군사력에 대한 대응전략이라고 믿고 있다.

러시아는 여전히 미국의 잠재적인 위협요인이 되고 있다. 가장 큰 이유는 러시아가 지금도 미국을 파괴하고도 남을 만한 규모의 미사일과 핵탄두를 보유하고 있기 때문이다. 그리고 러시아가 상대적으로 쇠퇴의 길을 걷고 있다는 점도 자신들의 핵보유국 지위를 포기하지 못하는 요인으로 작용하고 있다.

러시아는 또한 엄청난 규모의 교육받은 인구, 숙련된 과학기술 전문인력과 엔지니어, 그리고 대규모 천연자원을 보유하고 있다. 소련은 2차세계대전 이후 40년 동안 미국의 힘을 견제하는 세력균형자 역할을 했다.

하지만 거듭 말하지만 러시아가 과거 소련이 가졌던 국력의 구성요소를 다시 확보해서 미국의 힘을 견제하게 될 가능성은 별로 없다.

인도
India

인도는 12억의 인구를 가지고 있으며, 이는 미국 인구의 4배에 해당되고, 2025년이 되면 중국보다도 많아질 것이란 전망이다. 인도인들 가운데는 이번 세기 중반이 되면 세계가 미국, 중국, 인도의 3극체제로 재편될 것이라는 예측을 내놓는 사람들도 있다. 하지만 국력을 재는 지수가 인구만은 아니다. 우선은 그 인적자원이 개발되어야 하는데, 인도는 문맹률과 경제성장률을 기준으로 비교해 볼 때 중국보다도 크게 뒤처져 있다.

수십 년 동안 인도는 소위 '힌두 경제성장률'이라 불리는 낮은 성장률에 시달려 왔다. 성장률이 일인당 1퍼센트를 겨우 넘는 수준을 기록한 것이다. 1947년에 독립한 이래 인도는 중공업에만 집중하는 내부 지향적인 개발계획을 추구해 왔다. 그러다 1990년대 초 시장경제개혁을 시작한 이래 성장패턴에 변화가 일어나 성장률이 7퍼센트를 넘어서게 되었다. 하지만 결국 두 자리 성장률은 달성되지 못했고, 2014년 총선이 실시되기 전에는 도로 5퍼센트로 떨어졌다.

총선이 끝나자 나렌드라 모리 새 총리는 성장률을 다시 끌어올리겠다고 약속했다. 인도는 수억 명에 달하는 신흥 중산층 인구를 갖고 있고, 공용어인 영어 사용 인구가 5000만 명에서 1억 명에 이르는 나라이다. 이러한 인적자원을 바탕으로 인도는 정보산업 분야에서 세계적으로 인정받는 역할을 하고 있다. 그리고 우주개발계획도 활발히 진행하고 있으며, 2014년에는 화성탐사선을 성공적으로 쏘아 올렸다.

아울러 인도는 90기에서 100기에 이르는 핵무기, 중거리 미사일, 130만 명에 달하는 군 병력을 비롯해 상당한 수준의 군사력 자원을 보유하고 있으며, 500억 달러에 육박하는 연간 군사비 예산을 집행하고 있다. 이는 전 세계 군사비 예산의 3퍼센트에 해당하는 금액이다.

소프트파워 면에서 인도는 민주주의 기반을 갖추고 있고, 해외에까지 영향력을 미치는 활발한 대중문화 수준을 보유하고 있다. 인도의 '발리우드' 영화는 연간 제작편수로 따지면 세계 최대이며, 아시아와 중동, 라틴아메리카 일부 지역에서는 할리우드 영화를 능가하는 인기를 누리고 있다.

그런가 하면 인도는 문맹인 빈곤층이 수억 명에 달하는 대단히 낙후된 나라이다. 전체 인구 12억 가운데 약 3분의 1이 극심한 빈곤 속에 놓여 있다. GDP는 3조 3천억 달러로 8조 달러인 중국의 3분의 1을 약간 상회하는 수준이다. 일인당소득은 2900달러로(구매력기준) 중국의 절반, 미국의 15분의 1 수준이다. 중국과 비교해 더 눈에 띄는 차이는 중국 인구의 95퍼센트가 읽고 쓸 줄 아는 데 반해, 인도는 이런 인구가 63퍼센트에 불과하다는 사실이다. 매년 인도에서는 미국보다 두 배 더 많은 수의 엔지니어가 배출되고 있지만, 이코노미스트The Economist 보도에 따르면 "6개월의 훈련기간을 거쳐서 고용 가능한 인력이 이 가운데 5분의 1도 채 되지 않는다." [5]

이러한 교육수준의 낙후는 세계 100대 대학에 인도의 대학이 단 한 곳도 랭크되지 않는 데서도 잘 나타난다. 인도의 첨단기술 부문 수출이 전체 수출에서 차지하는 비율은 5퍼센트에 불과하다. 중국의 30퍼센트와 비교해 큰 차이가 난다.

따라서 인도가 이번 세기 전반부에 국력의 구성요소들을 발전시켜서 미국과 겨루는 글로벌 경쟁국으로 부상할 가능성은 없는 것 같다.

그렇지만 인도는 중국-인도 연합에 힘을 실어 줄 수 있는 상당한 자산을 보유하고 있다. 두 나라의 무역거래량도 급격히 증가하고 있다. 하지만 이러한 연합이 본격적인 반미反美 동맹으로 발전할 가능성은 적다.

중국-러시아 두 나라 사이에 의혹이 말끔히 가시지 않는 것과 마찬가지로, 인도-중국 관계에도 유사한 의혹이 자리하고 있다. 두 나라는 1962년 국경분쟁으로 인한 대충돌로 전쟁까지 치렀다. 이후 1993년과 1996년, 두 차례에 걸쳐 국경분쟁의 평화적 해결을 약속하는 합의문에 서명했지만, 이후에도 분쟁은 완전히 해결되지 않고 있다. 인도 관리들은 중국과의 관계에 대해 공개적으로는 신중한 입장을 취하고 있다. 하지만 사적으로 만나 보면 중국을 상대로 한 안보 우려가 대단히 민감한 수준임을 알 수 있다.

인도는 중국을 동맹 상대로 보기보다는 집단의 힘으로 중국에 대해 세력균형을 이루고 싶어 하는 아시아 국가 그룹의 일원이 되려고 할 가능성이 더 많다. 이런 맥락에서 인도는 일본과의 외교관계를 강화하는 작업에 나서고 있다. 이런 여러 사항들을 고려해 보면 인도가 미국의 세기를 종식시킬 도전국가로 성장할 가능성은 희박하다.

브라질
Brasil

브라질은 브릭스BRICS 그룹의 중요한 일원이고, 라틴아메리카에서 가장 큰 영토를 가진 나라이다. 일인당소득은 95위이지만, 규모 면에서 세계 7위의 경제대국이다. 1990년대에 인플레를 잡는 데 성공하고, 그리고 최근 몇 년간 성장률이 둔화되기는 했지만, 시장개혁을 통해 10년 연속 연 5%라는 인상적인 성장률을 기록했다.

브라질은 인도의 세 배에 달하는 영토를 보유하고 있고, 2억 인구의 90퍼센트가 읽고 쓸 줄 알며, GDP는 2.5조 달러로 러시아와 같은 수준이고, 일인당소득은 1만 2000달러로 인도의 세 배이다.

경제력 구성요소 면에서 브라질은 놀라운 자원을 갖고 있다. 2007

년에는 대규모 연안 유전이 발견되어 중요한 에너지 국가 대열에 합류했다. 군사력은 왜소하고, 핵무기도 보유하고 있지 않지만, 남미대륙 최대 국가이고, 주변에서 브라질과 대적할 만한 나라는 없다.

소프트파워 면에서 볼 때 카니발과 축구는 전 세계적으로 인기 있는 문화상품이다. 브라질은 라틴아메리카는 물론 전 세계적으로 긍정적인 이미지를 심기 위한 노력을 외교정책 기조로 삼아 실행해 오고 있다.

브라질은 현재 여러 다양한 종류의 심각한 문제들에 직면해 있다. 인프라는 부실하고, 과도한 규제로 부담을 지우는 법률체계, 높은 살인률, 심각한 부패 등의 문제를 안고 있다. 국제투명성기구Transparency International 의 부패인식지수corruption perceptions index 는 175개국 가운데 72위를 기록하고 있다. 중국이 80위, 인도 94위, 러시아가 127위에 올라 있다.

국가경쟁력 면에서 볼 때 브라질은 세계경제포럼WEF 국가경쟁력 평가에서 144개국 가운데 57위로 랭크했다. 중국은 28위, 인도 71위, 러시아는 53위에 올라 있다.

연구개발비 지출 부문에서 브라질은 세계 평균보다 적은 돈을 쓰고 있다. 한국은 인구가 브라질 인구의 4분의 1 수준이지만, 브라질보다

30배 더 많은 특허등록을 하고 있다. 생산성 성장은 2000년 이후 정체 상태에 놓여 있으며, 현재 멕시코의 절반을 약간 웃도는 수준이다.[6]

브라질에는 엠브라에르Embraer 와 발레Vale 와 같은 성공적인 다국적 기업이 자리하고 있다. 하지만 브라질의 한 기업인이 말한 것처럼 "하버드 같은 명문대학이나 구글 같은 일류기업이 브라질에 자리 잡기는 힘든 환경이다."[7]

브라질 전문가들은 저축을 늘리고 교육 부문 투자를 늘리기 전에는 생산성 향상을 기대하기 어려울 것이라는 말을 한다. 미국은 브라질에 대해 대외정책 면에서 이란과 베네수엘라와 같은 나라들에 대한 정책 기조를 바꾸라는 요구를 계속해 왔지만, 브라질은 이런 요구에 반발하고 있다.

한편 브라질은 유엔안보리 상임이사국 진출과 자유무역협정 체결, 그리고 의욕적으로 출범시킨 남미공동시장 구성을 완결 짓는 문제를 외교정책의 주요 목표로 삼고 있지만 아직 주목할 만한 진전을 이루지는 못하고 있다.

새로운 브라질은 과거보다 미국 외교에 더 복잡한 과제를 안겨주겠지만, 그렇다고 브라질이 미국과 동등한 경쟁국이 되겠다는 생각을 할 가능성은 없다. 미국과 힘을 겨루는 역할은 아마도 중국이 하게 될 것이다. 그렇게 될 경우 브라질은 중국과의 외교적 협력관계를 유지하는 게 유리하다고 판단할 것이다. 하지만 브라질과 중국 두 나라 관계 역시 극히 제한적일 수밖에 없을 것이다.

거듭 강조하지만, 브라질이 미국을 따라잡을 정도로 성장해서 미국의 세기를 종식시키는 일에 나서기는 힘들 것이다. 현재로선 미국을 견제할 수 있는 잠재적인 힘을 가진 나라는 중국뿐이다. 브릭스 국가들 중에서도 중국은 큰 차이로 제일 앞서가는 대국이다. 중국은 브릭스의 나머지 다른 나라들을 모두 합한 것과 같은 경제력을 갖고 있다.

중국은 경제력 외에도 브릭스에서 제일 강력한 군대, 가장 많은 군사비 예산, 가장 높은 경제성장률, 가장 많은 인터넷 사용자를 보유하고 있는 나라이다. 중국은 일인당소득에서 러시아와 브라질보다 뒤떨어지지만, 만약에 중국이 지금과 같이 높은 성장률을 이어간다면 이런 상황도 뒤바뀔 것이다. 연간 7퍼센트가 넘는 성장을 계속한다면 중국 경제는 앞으로 십 년 뒤면 두 배로 커지게 된다.

중국은 2008년의 경제위기에서 빠르게 벗어났고, 앞에서 설명했듯이 많은 분석가들이 가까운 장래에 중국경제가 총 규모 면에서 미국경제를 넘어설 것으로 예상한다. 뿐만 아니라 노벨상수상 경제학자 한 분은 오는 2040년이 되면 중국이 전 세계 GDP의 40퍼센트를 차지하게 될 것이라는 전망을 내놓았다. 미국과 유럽, 일본의 GDP를 모두

합해도 전체의 21퍼센트에 불과하다.[8]

파이낸셜 타임스Financial Times 의 칼럼니스트인 기디온 래치먼Gideon Rachman 이 지적한 것처럼 "미국이 중국의 새로운 도전을 단순히 이솝 우화에 나오는 늑대와 양치기 소년의 이야기처럼 돌린다면, 그건 어쩔 수 없는 일이다. 하지만 사람들은 이 우화에서 나중에 양치기 소년의 말이 사실로 밝혀지는 때가 온다는 점을 간과한다. 늑대가 실제로 나타났고, 중국이 바로 그 늑대이다."[9]

이제 중국을 본격적으로 살펴보기로 한다.

제**4**장

중국의 세기는
오는가?

The Rise of China

　많은 분석가들이 미국의 힘에 도전해 세계질서에 균형을 취하고, 나아가 미국을 능가하고, 미국의 세기를 종식시킬 수 있는 가장 강력한 경쟁국가로 중국을 꼽는다.

　역사학자 니얼 퍼거슨Niall Ferguson 은 '21세기는 중국의 것이 될 것'이라고 말했다. 최근에는 이런 제목의 책도 출간됐다. 《중국의 세계지배: 서구 세계의 종언과 새로운 국제질서의 탄생》*When China Rules the World: The End of the Western World and the Birth of a New Global Order.* 1 1990년대부터 이미 많은 여론조사가 미국인의 절반이 21세기에는 중국이 미국의 세계지위를 위협할 최대의 경쟁국으로 성장할 것으로 생각한다

는 조사결과를 내놓았다. [2]

중국의 국력은 대부분 급속한 GDP 성장을 기반으로 발휘되고 있지만, 다른 분야에서도 중요한 국력의 원천을 갖고 있다. 중국은 미국과 같은 크기의 영토를 갖고 있으면서 인구는 미국보다 네 배가 더 많다. 그리고 세계에서 가장 많은 군 병력과 250기가 넘는 핵무기를 보유하고 있다. 우주와 사이버 공간에서도 현대적인 능력을 발휘할 능력을 갖고 있다. 그리고 중국은 세계에서 인터넷 사용자수가 가장 많은 나라이다.

하지만 소프트파워 면에서 중국은 아직 할리우드나 발리우드와 경쟁할 만한 문화산업을 갖추지 못하고 있다. 중국의 대학들은 세계 상위 랭킹에 오르지 못하고 있고, 미국의 소프트파워를 만들어내는 수많은 비非 정부기구도 중국에는 없다. 그렇지만 중국은 언제나 매력적인 전통문화를 갖고 있었고, 전 세계적으로 수백 곳의 유교기관이 설립돼 유교문화를 전파하고 있다.

투기디데스는 펠로폰네소스 전쟁을 아테네의 국력이 부상하고, 그에 대해 스파르타인들이 갖게 된 두려움 때문에 일어난 전쟁이라고 설명했다. 이미 1990년대에 나는 중국의 급속한 성장이 펠로폰네소스 전쟁을 불러온 것과 유사한 갈등을 초래할 수 있다는 우려를 제시한 바 있다.[3] 정치학자 존 미어샤이머John Mearsheimer 는 중국이 평화로운 분위기 속에서 강대국으로 부상할 수는 없다고 잘라 말한다.[4]

역사적으로 1차세계대전이 일어날 당시 상황과 비교해 보자. 당시 독일 황제는 산업에서 영국을 추월하면서 해외로 진출하는 모험적인 대외정책을 추구했다. 그런 정책이 다른 열강들과의 충돌을 불러일으키는 것은 피할 수 없는 일이었다.

하지만 중국은 국력의 척도가 되는 세 가지 면에서 모두 아직 미국보다 크게 뒤져 있다. 중국의 정책은 주로 자신이 속한 지역에 한정돼 있고, 국력의 원천은 경제발전에 집중돼 있다. 중국이 따르고 있는 '시장 레닌주의' 경제모델은 몇몇 권위주의 국가들에게는 소프트파워 면에서 본보기가 되지만, 많은 민주국가들로부터는 그 반대의 반응을 얻고 있다.[5]

그럼에도 불구하고 중국의 부상은 투기디데스가 한 또 다른 경고를 떠올리게 만든다. '전쟁이 불가피할 것이라는 믿음이 전쟁의 중요한 원인 가운데 하나가 될 수 있다.'[6]는 경고이다. 전쟁이 불가피할 것이라고 믿게 되면 양측 모두 그에 대한 대비를 하게 된다. 그리고 상대방의 전쟁 준비를 보면서 양측 모두 최악의 상황이 올 것이라는 자신의 두려움이 옳다고 믿게 된다는 것이다.

이런 점에서 낙관론을 갖게 하는 근거 중 하나는 조너선 펜비

Jonathan Fenby 가 중국에 대해 내린 다음과 같은 진단이다. "중국은 아무리 자기들이 원한다고 해도, 세계를 지배할 만한 경제적, 정치적인 자원과 인적 자원을 갖고 있지 못하다."⁷

경제력
Economic power

중국의 부흥이라는 말은 사실 잘못 붙인 이름이다. 중국의 경제 회복이라고 하는 게 더 정확한 말이다. 지난 두 세기에 걸쳐 유럽과 미국이 산업혁명에 힘입어 주도권을 빼앗아가기 전까지 중국은 세계 최강의 경제대국이었다.

덩샤오핑鄧小平이 1980년대 초반 시장경제개혁을 시작하면서부터 중국은 연평균 8~10퍼센트의 높은 경제성장률을 기록했다. 그리하여 중국은 20세기 마지막 20여 년 간 GDP 성장률이 세 배에 달하는 놀라운 성장을 계속했다.

많은 전문가들이 조만간 중국이 세계 최대 경제 대국의 자리를 되찾을 것으로 전망한다. 하지만 중국이 미국이 갖고 있는 국력에 필적할 만한 힘의 구성요소들을 갖추게 되기까지는 아직도 먼 길을 더 가야 한다. 그리고 그 과정에서 많은 난관을 만나게 될 것이다.

현재 미국의 경제 규모는 공식환율로 환산해서 중국경제의 두 배 정도 된다. 하지만 제1장에서 설명했듯이, 중국은 조만간 구매력평가 PPP 기준으로 미국을 추월하게 될 것이다. 물론 이런 비교와 예상은 어느 정도 자의적으로 만들어진 결과이다. 왜냐하면 조사하는 사람이 원하는 항목만 임의로 골라서 만드는 결과이기 때문이다.

PPP는 경제학자들이 서로 다른 나라의 복지를 비교할 때 쓰는 통계 수치이다. 그리고 이는 인구 규모에 따라 민감하게 달라진다. 예를 들어 인도는 달러와 루피의 교환비율로 환산해 산정하면 세계 10위의 경제국이지만, PPP 기준으로 산정하면 세계 3대 경제 대국이다. 또한 환율 기준으로 산정하면 환율에 따라 수치가 들쭉날쭉하게 되겠지만, 국력의 구성요소를 산출하는 데는 이보다 더 정확한 경우가 많다.

예를 들어 현재 받고 있는 봉급의 가치를 머리손질이나 주택구매에 드는 돈을 기준으로 산정하는 작업은 PPP를 이용하는 게 제일 정확하다. 반면에 석유수입 비용이나 첨단 항공기 엔진 부품구매에 드는 비용은 비용지불 때 적용하는 환율로 산정하는 것이 더 낫다.

중국의 전반적인 GDP가 어떤 방법으로 산정하든 미국보다 앞서게 되고, 두 나라 경제규모가 같아진다고 하더라도, 경제를 구성하는 세부사항에서는 같을 수가 없을 것이다. 중국에는 지금도 광대한 면적의 미개발된 오지가 있고, 급속히 진행되는 도시화를 비롯해 수많은 난관이 앞에 가로놓여 있다.

일인당소득은 한 나라의 경제를 세밀히 들여다보는 데 유용한 도구가 되는데, PPP로 산정하더라도 중국의 일인당소득은 미국의 20퍼센트 수준에 불과하며, 영원히 따라잡을 수 없을지 모른다. 설혹 따라잡는다 하더라도 앞으로 수십 년은 더 걸릴 것이다.

물론 경제력에서 전체 규모는 중요한 측면이다. 매력적인 대규모 시장을 갖고 있고, 많은 나라들의 첫 번째 무역상대국이 된다는 것은 영향력을 발휘할 수 있는 중요한 요소가 된다. 그리고 중국은 이 영향력을 자주 발휘한다. 하지만 경제 규모가 크다고 동등한 경제력을 갖는 것은 아니다.

예를 들어, 중국은 2009년에 규모 면에서 독일을 추월하고 세계 최대의 무역국가가 되었다. 하지만 중국은 자신들이 진정한 무역 강국으로 발전하지 못했다고 생각한다. 왜냐하면 서비스 부분의 교역은 활기가 없고, 많은 수출품이 부가가치가 낮은 품목이기 때문이다.

그리고 중국은 미국이나 독일과 같은 세계적인 무역 강국들과 비교할 때 최고 브랜드가 턱없이 부족하다. 현재 전 세계적으로 인정받는 25개의 톱 브랜드 가운데 19개가 미국 제품이다.[8] 그리고 세계 500대 다국적 기업 중에서 46퍼센트는 미국인 소유이다.[9] 다시 말해, 중국은 무역규모는 크지만 미국이나 독일에 비해 상대적으로 정교함과 세련미가 떨어지는 것이다.

화폐 분야도 세밀하게 들여다볼 필요가 있다.

중국은 세계시장에서 달러가 하는 역할을 통해 미국이 발휘하는 영향력을 면밀히 연구했다. 미국이 달러를 통해 발휘하는 영향력에는 금융제재 등이 포함될 것이다. 중국은 무역금융에 위안화 사용을 권장함으로써 자신들의 금융 파워를 키우려고 노력해 왔다. 그 결과 지금은 전 세계적으로 사용되는 무역금융 가운데 9퍼센트를 위안화가 차지하게 되었다.

하지만 전체 무역금융의 81퍼센트는 여전히 달러가 차지하고 있다. 위안화의 역할은 앞으로도 계속 커질 것이다. 하지만 중국 정부가 국제시장에서 환율이 결정되도록 하는 방향으로 정책을 바꾸고, 정교한 국내 자본시장을 본격적으로 육성하고, 그에 필요한 법적인 구조를 갖추어 국제무대에서 신뢰를 쌓기 전까지 위안화가 달러의 자리를 대신할 가능성은 없다.

이코노미스트The Economist 는 이 문제와 관련해 이렇게 쓰고 있다. "규모와 정교함이 항상 함께 가는 것은 아니다. 2020년대가 되면 중국은 아마도 규모 면에서는 세계 최대의 경제 대국이 될 것이다. 하지만 가장 선진화 된 경제국가가 되지는 못할 것이다. 미국의 금융시장 움직임을 깊이 들여다보면 미국경제가 얼마나 정교하게 움직이는지 알 수 있다." 중국의 금융시장은 규모 면에서 미국의 8분의 1에 불과하고, 그 중에서도 외국인이 소유할 수 있도록 허용된 지분은 극히 일부분에 그치고 있다. [10]

기술 분야에서도 이러한 정교함의 차이는 분명하게 드러난다. 중국은 지금까지 중요한 기술적인 진전을 많이 이루었지만, 한편으로 자체 혁신보다는 외국의 기술을 모방하는 전략에 많이 의존해 왔다. 중국의 저널인 사우스 리뷰South Reviews 는 중국의 모방전략과 관련해 이렇게 지적한다. "중국은 세계에서 가장 큰 팩토리 파워하우스factory powerhouse 라는 타이틀을 자랑스러워한다. 중국에서 출원되는 특허 건수는 빠르게 늘어나 선진국 수준을 능가하고 있다. 하지만 중국에서 출원되는 대부분의 특허는 전체 산업 체인에서 그렇게 중요한 위치를 차지하지 못한다… 다시 말해 과학 기술 혁신 분야에서 중국은 여전히 취약하다." [11]

중국인들은 자신들이 스티브 잡스Steve Jobs는 만들지 못하고 아이폰 잡스iPhone jobs만 만든다는 불만을 자주 토로한다. 중국의 통계수치는 무역규모를 중시하지만, 미국의 통계수치는 부가가치를 보여준다.

앞으로 어느 시점에 이르면 중국의 성장속도는 둔화될 것이다. 다른 나라의 경우도 경제가 일단 도약기를 지나면 성장속도가 떨어지는 것은 마찬가지다. 비효율적인 국가 소유 분야에 대한 정치적인 투자를 줄일 경우 중국경제의 성장속도가 5퍼센트까지 떨어질 것으로 보는 경제학자들도 있다. 그리고 2020년 이후 인구문제가 본격적으로 나타나기 시작하면 5퍼센트 수준을 유지하기도 어려울 것이라는 말을 한다.[12]

성장률이 둔화되더라도 중국은 세계의 다른 많은 나라들보다 빠른 성장을 계속할 수 있을 것이다. 하지만 성장 흐름을 일직선으로 예측하는 것은 오해를 불러올 소지가 있다. 왜냐하면 경제개발 초기 단계에서 기술도입과 값싼 노동력을 발판으로 손쉬운 성장과실을 누린 나라들은 경제가 일인당소득 수준이 PPP 기준으로 현재 중국이 육박하는 수준에 이르면 일반적으로 성장률이 둔화되기 때문이다.

이것이 소위 말하는 '중진국의 함정'middle income trap인데, 물론 일본과 한국이 보여주었듯이 예외 없는 철칙은 아니다. 그러나 혁신을 제대로 하지 못하고, 성장모델을 바꾸지 않는 한 많은 나라들이 빠지게 되는 일반적인 함정임에는 틀림없다.

중국경제는 비효율적인 국유기업 체제와 심화되는 부富의 불평등, 환경악화, 국내의 대규모 인구이동, 사회안전망 미비, 그리고 부패, 법치의 미비 등 구체제로부터 탈피하는 데 있어서 심각한 어려움을 겪고 있다.

북동부 지방이 남서부 지방보다 더 빠르게 발전하고 있다. 일인당 소득이 국가 전체 평균을 웃도는 곳은 31개 성省 가운데 10개 성뿐이고, 개발이 낙후된 곳 가운데는 티베트, 신장新疆 위구르 자치구처럼 소수민족 비율이 높은 지역들이 포함돼 있다.

뿐만 아니라, 20세기에 강제로 시행한 한 자녀 정책의 여파가 마침내 나타나기 시작함에 따라 중국은 앞으로 인구문제에 직면하게 될 것이다.[13] 2011년부터 새로 유입되는 노동인구의 수가 줄어들기 시작했으며, 노동인구는 2016년에 정점에 도달할 것으로 전망되고 있다.

노령화도 급속히 진행되고 있어 2030년이 되면 어린이보다 부양해야 할 노인의 수가 더 많아질 전망이다. 중국인들은 자기들이 '부자 나라가 되기 전에 늙은 나라가 먼저 될 것'이라고 걱정한다.

중국의 경우 저축을 줄이고 국내소비를 늘려야 한다는 것은 분명한 해답이지만 말처럼 쉬운 일이 아니다. 왜냐하면 노령 층은 가계저축률을 계속해서 높이 유지하려고 할 것이고, 기업예금 역시 일부 특정 부문에서의 경쟁 제한과 높은 금리 등의 이유로 인해 높은 수준으로 유지되고 있기 때문이다.

중국은 현재 외환보유고가 4조 달러에 육박해 세계 1위이지만, 정부가 아니라 시장이 금리를 정하는 오픈 본드마킷open bond market 이 이루어지지 않는 한 금융 레버리지가 확대되어 위안화가 영향력을 발휘하기는 어려울 것이다.

그리고 달러 보유고가 높다고 해서 미국과의 직접 협상력이 커지는 것도 아니다. 상호의존적인 관계에서는 서로 상대방에 의존하는 정도의 크고 작음에 따라 힘의 차이가 정해지기 때문이다.

중국은 미국에 제품을 팔아 달러를 벌어들이지만, 미국은 중국 제품들에게 미국시장을 개방함으로써 중국 내부의 성장과 일자리 창출, 안정을 추구한다. 많은 비난이 쏟아지고 있음에도 불구하고, 중국은 달러를 세계금융시장에 방출하지 않고 있다. 그리고 만약 그렇게 했더라면 중국은 미국의 무릎을 꿇릴 수 있었을지도 모른다. 하지만 그 대신 중국은 발목을 꿇어야 했을지도 모른다.

중국의 권위주의 정치체제는 지금까지 특별한 목표를 추구하는 데 있어서는 뛰어난 동력변환능력을 보여주었다. 예를 들어, 놀라운 규모의 신도시를 건설하고 고속철도 건설계획을 신속히 추진하는 등에서는 그랬다. 하지만 중국이 장기적으로 그런 능력을 계속 발휘할 수 있을지는 미지수다. 이것은 중국 외부의 관찰자와 중국 지도자들 모두에게 수수께끼처럼 어려운 질문이다.

민주적인 헌법을 갖고 출발한 인도와 달리 중국은 민주주의까지는 아니더라도, 정치적 참여의 확대라는 문제를 어떻게 해결해 나갈지 아직 해법을 찾지 못하고 있다. 이 문제의 해법을 찾기만 한다면 일인당 소득은 저절로 올라갈 수 있을 것이다.

중국에서도 공산주의 이데올로기는 이미 사라진 지 오래다. 집권 중국공산당의 권위는 경제발전과 한족漢族 민족주의에 의지해 유지되고 있다. 만약 중국에서 일인당 GDP가 1만 달러 PPP 가까이 오른다면, 이웃의 타이완과 한국에서 그랬던 것처럼 이러한 경제적인 변화가 정치적인 변화를 가져올 수 있을까?

'공산국가' 중국에는 현재 미국을 제외하고 다른 어떤 나라보다도 많은 억만장자가 살고 있다. 그것도 그냥 부자가 된 것이 아니라 '지구상에서 제일 가난한 사람들의 희생을 발판으로 돈을 번 부자들'이다.[14] 중국이 앞으로 확대일로에 있는 도시중산층 문제, 지역 간 불평등, 소수민족의 불만 같은 문제들을 제대로 관리해 나갈 수 있을지는 좀 더 지켜볼 일이다. 중요한 점은 중국 지도자들을 포함해 누구도 앞으로 중국의 정치적인 미래가 어떤 모습으로 발전해 나갈지, 그리고 그러한 정치적인 미래가 경제성장에 어떤 영향을 미칠지에 대해 자신 있게 말할 수 없다는 사실이다.

사이버 정치문화도 또 하나의 복잡한 문제이다. 중국은 현재 인터넷 사용인구가 6억 명에 달해 세계 최대의 인터넷 사용국가가 되었다. 그와 함께 인터넷 사용에 대한 정부의 통제와 감시기능도 최고 수준으로 발달돼 있다.

대다수의 인터넷 사용인구는 대단히 국수주의적인 입장을 보이고 있다. 반면에 자유주의적인 생각을 가진 소수의 인터넷 사용인구들은 당국의 철저한 감시를 통해 걸러지고, 반체제적인 태도를 보이는 사용자는 처벌당한다.

기업들은 자체검열을 통해 스스로를 감시하고, 정부의 지시에 순응한다. 하지만 아무리 그렇게 하더라도 약간의 정보 유출은 불가피하다. 유통되는 정보의 양은 엄청나게 늘고 있고, 그것에 제약을 가하면 경제발전이 저해될 수 있다는 점은 중국 지도부가 처한 심각한 딜레마이다.

당분간 공산당 지도부가 국민에 대한 통제를 포기할 가능성은 없어 보이지만, 만약에 중국정부가 이민자 문제와 전 세계적으로 기후에 영향을 미치는 환경 문제, 내부 갈등과 같은 문제에 효과적으로 대처하지 못한다면 심각한 문제들이 야기될 수 있다. 정치적인 문제가 경제적인 상황을 어렵게 하는 경우는 종종 있어 왔다.

군사력
Military power

중국은 경제성장이 계속되는 한 군사비 지출도 계속 늘려나갈 가능성이 높다. 중국은 현재 GDP의 약 2퍼센트를 군사비로 지출하고 있다. 미국의 절반 수준이다. 그런데 중국의 GDP는 계속 증가하고 있다.

2014년 중국의 국방비 예산은 공식적으로 1320억 달러로 미국 국방비 예산의 약 4분의 1 수준이다. 하지만 미국의 국방비 예산 지출에 포함된 많은 항목들이 중국의 예산항목에는 포함돼 있지 않다는 점에 유의해야 한다.

국제전략연구소IISS는 중국의 공식 국방비 예산에 200억 내지 300

억 달러를 더 추가해 산정한다. 중국의 공식 군사비 예산은 저투자 시기를 지낸 뒤, 1989년부터 2009년 사이에 매년 두 자리 수로 증가했으며, 2013년에는 12퍼센트 늘어났다. 중국 인민해방군은 한때 기술 수준이 낮은 대규모 군사력으로 소련의 공격에 대비한 지상방어에 초점을 맞추었으나, 지금은 현대화 된 군사력으로 동아시아 지역에서 미국의 개입에 대한 대응에 초점을 맞추고 있다.

중국의 군사비 예산은 전 세계 군사비의 11퍼센트로, 39퍼센트를 차지하는 미국의 군사비에 비하면 여전히 크게 뒤떨어지는 수준이다. 하지만 지금처럼 높은 성장률이 지속될 경우, 중국의 국방비는 2020년이 되면 미국의 절반에 이르고, 이번 세기 중반에는 미국과 비슷한 수준에 이를 것으로 보인다.

하지만 현재 첨단 군사 장비를 대거 보유하고 있는 미국의 군사력은 중국과 비교할 때 10대 1로 우세하다. 미국 동맹국들의 군사력을 포함시키지 않고 비교해도 그렇다.[15]

더구나 중국은 세계를 무대로 사용할 수 있는 높은 수준의 군사력 실행능력을 아직 보유하지 못하고 있다. 그리고 미국이 중국의 연안에서 벌이는 군사작전에 맞서는 대응능력을 계속 키우고는 있지만, 아직은 항공모함전투단CBG 을 갖춘 대양해군 건설이라는 힘든 과정의 걸

음마 단계에 들어섰을 뿐이다.

중동 석유에 대한 의존도가 점차 커짐에 따라, 앞으로 중국 해군은 동남아시아에서 말라카해협의 안전한 항로를 확보하는 임무에 나서려고 할 것이다. 하지만 미국 해군은 페르시안 걸프만의 호르무즈해협 항로에서 계속 핵심적인 세력으로 남아 있을 것이다.

중국의 해군력은 이제 겨우 우크라이나에서 사들여 수리한 중고 항공모함 한 척을 보유한 정도이다. (앞으로 두 척을 더 보유할 계획을 갖고 있다.) 10척의 항공모함을 보유하고 세계를 무대로 오랜 작전 경험을 갖고 있는 미국 해군에 비하면 수십 년 뒤진 전력이다.

중국은 현재 5세대 스텔스 전투기 두 대를 개발 중이지만, 그래도 미국이 보유하고 있는 세계를 무대로 한 작전능력은 갖고 있지 못하다. 그리고 중국은 제한된 숫자이기는 하지만 대륙간탄도미사일을 보유하고 있고, 우주와 사이버 공간에서도 대응능력을 상당한 수준으로 발전시켰다. 하지만 이 분야에서도 미국의 적수는 되지 못한다.

재래전투력 분야에서도 중국은 동맹세력과 해외기지, 장거리 병참은 물론이고, 미군이 가지고 있는 다양한 원정작전의 경험을 갖고 있지 못하다.

미국은 현재 십여 개 국의 해외기지에 약 24만 명의 병력을 주둔시키고 있는데 비해 중국은 해외파병 병력이 주로 유엔평화유지군에 참여한 몇 천 명 수준에 불과하다.

　따라서 중국이 가까운 시일 안에 세계무대에서 군사력으로 미국에 맞설 수준이 되지는 못할 것이다. 하지만 중국은 그동안 전투기, 잠수함, 크루즈미사일, 그리고 중거리 탄도미사일 분야에 대한 투자를 집중적으로 해왔다. 그 때문에 미국이 중국 근해에서 벌이는 군사개입 작전에 드는 비용은 이미 올라가고 있다.

　그리고 글로벌 군사전력이 우세하다고 해서 지역에서의 작전능력이 반드시 앞선다고 단언할 수는 없다. 중국은 지역 접근거부 전략strategy of area denial 을 고수하고 있다. 그렇기 때문에 미국은 지금처럼 지역 동맹의 안보를 보장하는 정책노선을 계속 고수하겠다면 중국의 지역 접근거부 전략에 대비해 전력의 취약성을 반드시 줄여야 한다.

　그러기 위해 미국은 항공모함의 비행갑판에서 출격시킬 수 있는 무인항공기UAVs 개발과 지상공격능력을 대폭 향상시킨 잠수함, 지역 탄도미사일방어망BMD, 보다 탄력적인 소형 위성 시스템의 개발 배치와, 공격적인 사이버전 능력 강화 등에 대대적인 투자를 해야 한다.[16]

소프트파워
Soft Power

$20$07년 당시 후진타오^{胡錦濤} 주석은 중국공산당 전국대표대회에서 중국의 소프트파워를 강화해야 한다고 역설했다. 중국과 같은 신흥 강국이 경제력과 군사력을 키우면 위협을 느낀 이웃국가들이 동맹 결성으로 대응할 수가 있다. 따라서 주변국들이 갖는 두려움을 희석시키고, 대응 동맹을 무력화시킬 수 있는 스마트 전략이 필요하다고 판단했기 때문이다.

국가의 소프트파워는 크게 세 가지 요소로 만들어진다. 문화와 정치적 가치, 그리고 대외정책이다. 다른 나라들에게 호감을 주는 문화를 보유해야 하고, 국내외적으로 표방하는 가치가 호소력이 있어야 하며,

또한 대외정책 면에서 정당하고, 도덕적으로 다른 나라들로부터 인정받을 만한 정책을 추구해야 한다.

하지만 하드파워와 소프트파워를 만드는 구성요소들을 결합시켜 스마트한 전략으로 만들어내는 것은 결코 쉬운 일이 아니다. 예를 들어 마닐라에 공자연구소를 설립해 중국문화를 알린다면 소프트파워를 강화하는 데 도움이 될 것이다.

하지만 남중국해에 있는 섬의 영유권을 놓고 중국이 필리핀을 위협하는 상황에서는 이런 전략이 성공하기 힘들다. 중국은 현재 영토분쟁과 관련해 관련국들을 상대로 목소리를 키우고 있기 때문에 소프트파워를 강화하겠다는 목표는 달성하기가 점점 더 힘들어진다.

더구나 미국에서 소프트파워는 정부가 주도해서 만드는 것이 아니라 대학과 연구소에서 시작해 할리우드와 대중문화에 이르기까지 대부분 시민사회에서 만들어진다. 미국은 이라크 침공 때처럼 정부 정책이 소프트파워를 손상시키는 경우에도, 비판적이고 통제 받지 않는 시민사회가 형성돼 있기 때문에 일정 수준의 소프트파워를 계속 유지할 수 있게 된다. 이러한 시민사회의 목소리가 약화되면 정부의 잘못된 행동을 제어하기가 힘들게 된다.

하지만 스마트한 파워 전략에서는 하드파워와 소프트파워가 서로를 강화시켜 주는 기능을 한다. 데이비드 샴보David Shambaugh 는 저서 《중국, 세계로 가다》China Goes Global 에서 중국이 소프트파워 강화를 위해 수십 억 달러의 예산을 들여 어떻게 이미지 공세를 펴고 있는지 상세히 밝히고 있다. 아프리카와 라틴아메리카를 상대로 한 중국의 원조 프로그램은 제도적인 문제나 인권문제가 심각한 나라에도 상관없이 가동되고 있다. 서방은 이런 문제가 제기된 지역이나 국가에 대해서는 원조를 자제한다.

중국은 대외원조에서도 요란하게 생색을 내는 방식을 고수한다. 하지만 이런 노력에도 불구하고 중국이 해외 원조를 통해 큰 성과를 거두지는 못하고 있다. 여론조사를 보면 아프리카와 라틴아메리카에서 중국의 영향력은 긍정적인 반응을 얻고 있는 것으로 나타난다. 하지만 미국과 유럽, 인도, 일본 등 주요 강대국에서는 중국에 대해 부정적인 반응이 압도적으로 우세하다.

2008년 베이징올림픽은 소프트파워 면에서 성공한 대회였다. 하지만 얼마 뒤 중국 당국이 국내 인권운동가들을 탄압하는 조치를 취함으로써 소프트파워로 얻은 성과를 훼손시키고 말았다. 2009년의 상하이 엑스포도 큰 성공을 거두었지만, 이후 노벨평화상 수상자인 류사오보를 투옥시킴으로써 마찬가지 반감효과를 낳았다. 오슬로에서 열린 시

상식에 참석하지 못한 류사오보의 빈 의자는 텔레비전 화면을 통해 전 세계로 방영돼 중국의 부정적인 이미지를 키워 놓았다.

시장 전문가들은 중국 당국의 이런 행위를 '자신의 메시지를 자기 발로 짓밟는 행위'라고 부른다. 중국은 이어서 노르웨이에 대한 보복으로 연어수입을 제한하는 조치를 취했지만 상황을 호전시키는 데는 도움이 되지 않았다.

중국은 정부가 소프트파워를 만드는 주역이라고 잘못 생각하고 있다. 지금은 정보가 부족한 세상이 아니다. 관심이 부족할 뿐이다. 관심은 신뢰에 바탕을 두고 만들어지는데, 중국 당국의 선전 공세는 사람들로부터 거의 신뢰를 받지 못한다.

중국 정부는 신화통신과 중국 CCTV를 CNN, BBC와 대등한 경쟁관계에 올려놓기 위해 온갖 노력을 다해 봤지만, 세계인들은 귀에 거슬리는 선전 정보에 거의 눈길도 주지 않는다.

이코노미스트The Economist 는 이렇게 설명한다. "중국공산당은 소프트파워가 주로 개인과 민간 부문, 시민사회에서 나온다는 조지프 나이의 견해를 인정하지 않는다. 그래서 중국 당국은 자신들이 보기에 세계적으로 존경 받고 있다고 생각하는 중국의 고대문화 아이콘들을 부각시키는 전략을 취하고 있다." **17**

소프트파워를 키우는 것이 반드시 제로섬 게임이 될 필요는 없다. 모든 나라들이 서로에게 호감을 가짐으로써 이득을 얻을 수 있기 때문이다. 중국이 그렇게 되기 위해서는 이웃 국가들을 상대로 펴고 있는 자신의 주장을 누그러뜨릴 필요가 있는데, 국가주의가 기승을 부리는 시기에는 그렇게 하기가 어렵다.

유럽과 북미에 있는 나라들의 경우는 자기비판과 시민사회가 가진 능력을 총동원해서 이런 문제를 해결해 나갈 수가 있다. 하지만 공산당이 철저한 통제를 하고 있는 중국에서는 이런 기능을 기대하기가 힘들다.

중국이 이룬 경제적인 성공과 경제원조 프로그램, 그리고 중국문화를 전파하는 수백 곳의 공자연구소들은 중국의 소프트파워를 증강시키는 데 기여하고 있다. 하지만 국내에서 국가주의가 기승을 부리고, 당의 통제라는 고삐가 강하게 유지되는 한 소프트파워는 계속 위축된 상태에 놓여 있을 수밖에 없다.

중국의 전략과 미국의 대응
China's strategy and American responses

중국의 현 지도부 세대는 급속한 경제성장이 국내의 정치적 안정을 유지하는 데 가장 중요한 핵심 과제라고 생각하고, 경제발전과 이른바 '조화로운' 국제환경을 조성하는 데 정책 포커스를 맞추고 있다. 하지만 세월은 변하고, 권력은 오만을 낳는다. 먹다 보면 식욕이 더 큰 식욕을 부르는 수가 있는 것이다.

마틴 자크Martin Jacques 는 이렇게 지적한다. "신흥 강국들은 새로 얻은 경제적인 힘을 더 큰 정치적, 문화적, 군사적 목적에 쓰려고 한다. 그런 식으로 해서 패권국가가 등장하게 되는 것이다. 물론 중국도 그런 경우에 해당된다."[18] 중국 지도부는 중국이 이웃나라들을 침략한

적이 한 번도 없으며, 패권국가로 행동한 적도 없다고 강변한다.

하지만 외교부장 양제츠楊潔篪 는 2010년 아세안ASEAN 회의에 참석해서 이렇게 말했다. "중국은 대국이며 다른 나라들은 소국이다. 이것은 흔들릴 수 없는 분명한 사실이다."

전통적으로 중국은 스스로를 동아시아의 조공국들에 둘러싸인 '중화'中華, 다시 말해 중심국가라고 생각했다. 중국이 그러한 과거의 지위를 되찾으려 하고 있다고 보는 전문가들도 있다.[19] 하지만 존 아이켄베리John Ikenberry 같은 학자들은 지금의 국제질서는 개방되고 경제적 통합을 바탕으로 하고 있어, 중국이 주도하는 질서에 밀려나기보다는 오히려 중국을 흡수해 버릴 힘을 갖고 있다고 지적한다.[20]

지금까지 중국의 지도자들은 패권적인 입장에서든, '책임 있는 강대국'의 입장에서든 전 세계적으로 주요한 역할을 하는 데 있어서 소극적인 태도를 보여 왔다. 그러나 "중국이 단기적으로는 미국을 대신해 동아시아의 지배국dominant power 지위를 차지하고, 장기적으로는 미국이 누리고 있는 세계의 지배국 지위에 도전한다는 목표를 갖고 있다."고 생각하는 전문가들도 있다.

어떤 학자들은 중국이 장기적으로 태평양을 분할해 미국을 중국 연안에 속하는 열도(일본도 포함) 바깥으로 몰아내려는 생각을 갖고 있다고 주장한다. [21] 하지만 많은 전문가들은 이런 주장은 중국의 의도를 정확하게 보지 못하고 지나치게 단순화시키는 것이라고 생각한다.

중국은 기존의 국제질서로부터 많은 혜택을 누린 나라이면서, 또한 이 기존질서를 약간 바꾸고 싶어 하기도 한다. 그렇기는 하지만 중국의 미래 세대들의 생각이 앞으로 어떻게 전개될지는 중국인 자신들도 알지 못한다. [22]

하지만 중요한 점은 앞으로 수십 년 안에 중국이 의욕으로 넘치는 자신들의 꿈을 실현시켜 줄 만한 군사적인 능력을 갖출 수 있을지는 대단히 회의적이라는 사실이다. 문제는 꿈을 현실로 옮기는 데 드는 비용이다. 메뉴에 가격이 표시돼 있지 않을 때는 얼마든지 위시 리스트에 빠져 지낼 수 있다. 하지만 그 꿈을 현실로 이루는 것은 별개의 문제이다.

중국 지도부는 앞으로 다른 나라들의 반응과 씨름해야 하고, 스스로 설정한 경제성장 목표에 따라오는 여러 가지 제약들, 그리고 해외시장과 해외자원 확보라는 힘든 과제를 헤쳐 나가야 한다.

그리고 군사적인 입장을 지나치게 공세적으로 취해나간다면 이에 맞서 지역 내 국가들이 대응 연합을 만들 수가 있다. 이것은 중국의 하드파워와 소프트파워 모두를 약화시키는 결과가 될 것이다.

세계무대에서 중국이 미국과 동등하게 힘을 겨룰 만한 경쟁자가 될 가능성이 없다고 해서 아시아에서도 중국이 미국에 도전할 수 없을 것이라는 말은 아니다.

앞에서 설명했듯이, 아시아에서 중국의 부상은 인도와 일본의 도전을 받고 있다. 베트남 같은 이 지역의 소규모 나라들도 중국에 대해 마찬가지 입장을 갖고 있다. 이는 미국에게는 대단히 유리한 상황이다.[23]

1996년 클린턴-하시모토 선언은 미국-일본 동맹이 냉전 후 동아시아의 안정을 지켜주는 토대라고 재확인했다. 미국-일본 동맹은 중국의 야심에 큰 장애물이며, 미국-인도 관계와 일본-인도 관계의 진전도 중국의 앞길에 방해물이 된다. 이는 이 지역의 세력정치라는 큰 틀에서 볼 때 중국이 미국을 몰아낼 수 없게 된다는 뜻이다.

또 다른 한편에서는 미국과 일본, 인도, 호주를 비롯한 여러 나라가 중국이 이 지역에서 책임 있는 역할을 하도록 인센티브를 제공해 줄 수 있다는 말이기도 하다. 그러는 동시에 이들 나라들은 중국의 국력이 커지면서 침략적인 행동을 할 가능성을 미리 차단하는 역할도 함께 하게 될 것이다.

미국은 어떻게 대응할 것인가
American responses

중국과의 관계를 비관적으로 보는 사람들은 중국이 국력신장을 이루고 나면 미국을 태평양 서부에서 몰아내려고 할 것이라고 전망한다. 그 결과로 미국과 중국이란 두 세력의 충돌이 불가피하게 된다는 것이다.

물론 미국이 중국의 의도대로 자신의 주요 활동 영향권을 태평양 동부에 국한시키는 구도를 받아들인다면 이러한 충돌은 피할 수 있을 것이다. 하지만 중국의 부상에 대해 미국이 이런 대응을 한다면 이는 이 지역 국가들이 갖고 있는 미국에 대한 신뢰를 무너뜨리는 것이다.

그리하여 지역 국가들로 하여금 중국의 힘에 맞서 균형을 취하려 들기보다는 중국의 힘에 편승하게 만드는 결과를 가져올 것이다. 따라서 그런 정책은 그야말로 미국의 세기에 종말을 알리는 시발점이 될 것이다.

그렇지 않고 미국이 계속해서 이 지역에 남아 있게 된다면 이는 이 지역 국가들이 취할 세력균형 노력을 자연스레 강화시켜 주는 효과를 가져올 것이다. 나아가 이는 중국으로 하여금 책임 있는 행동을 하도록 압력을 가하는 환경조성에도 도움이 된다.

중국의 부상에 대한 적절한 대응정책으로는 현실주의realism 와 통합integration 을 적절하게 균형을 취해가면서 추진하는 것이 바람직하다. 클린턴 행정부는 1990년대에 처음으로 중국의 부상에 대한 대응전략을 고려하기 시작했다.

이때 어떤 전문가들은 중국이 너무 강해지기 전에 봉쇄정책policy of containment 을 취해서 중국의 성장을 막아야 한다고 주장했다. 이런 의견은 두 가지 이유 때문에 받아들여지지 않았다.

첫째, 봉쇄정책은 미국이 이 지역 국가들과 취할 반反 중국 동맹 결성을 어렵게 만든다. 왜냐하면 이 지역에 있는 대부분의 국가들이 미국과 중국, 두 나라 모두와 좋은 관계를 유지하고 싶어 하기 때문이다. 이런 사정은 사실 지금도 마찬가지다.

그리고 이보다 더 중요한 이유는 미국이 중국에 대해 봉쇄정책을 편다면 앞으로 중국과 불필요한 적대관계를 맺게 되는 것을 기정사실로 만들 우려가 있다는 것이었다.

그래서 미국은 봉쇄정책 대신 소위 '통합과 보장'integrate and insure 정책을 선택했다. 그렇게 해서 중국의 세계무역기구WTO 가입이 받아들여졌고, 다른 한편으로는 중국이 이웃 나라들을 괴롭히지 못하도록 보장하기insure 위해 미국-일본 안보조약이 재조명을 받았다.

중국이 강대국으로 성장하면서 주변에 힘을 과시하게 되면, 주변 국가들은 그에 균형을 취하기 위해 서로 힘을 합치게 된다. 그런 의미에서 중국을 견제할 수 있는 나라는 중국 자신뿐이다. 미국과 중국의 힘을 상호 비교하는 데는 바로 이 점이 핵심 포인트이다.

중국이 미국을 이길 수 있는 방법에 대해 옌쉐통Yan Xuetong 은 이렇게 주장했다. "중국이 강국이 되기 위해 자신에게 유리한 국제적인 환경을 조성하려면 미국보다 더 고차원적인 외교, 군사관계를 발전시켜 나가야 한다. 어떤 강대국도 지구상에 있는 모든 나라와 다 우호적인 관계를 유지할 수는 없다. 따라서 중국과 미국 사이에 벌어지는 경쟁 관계의 핵심은 누가 양질의 우방국을 더 많이 확보하느냐는 것이다."
24

현재로서는 미국이 그런 네트워크와 동맹관계로부터 더 많은 혜택을 누릴 수 있는 유리한 위치에 놓여 있다. 미국은 60개 가까운 나라와 동맹조약을 맺고 있는 반면, 중국이 그런 관계를 맺은 나라는 불과 몇 개국밖에 되지 않는다. 이코노미스트The Economist 보도에 따르면 정치적인 친소관계를 놓고 볼 때 전 세계 150개 주요국 가운데서 약 100개 나라가 미국과 가까운 관계를 유지하는 반면, 미국과 등을 진 나라는 21개 나라로 분류됐다.[25]

2011년에 미국은 세계경제에서 가장 빠른 성장을 보이고 있는 아시아 지역에 대한 재균형전략strategy of rebalancing 을 선언했다. 중국의 일부 전문가들은 오바마 정부의 아시아에 대한 '재균형전략'을 중국을 겨냥한 일종의 견제정책으로 보고 있다. 하지만 미국은 소련과 일체의 무역거래나 사회적인 접촉을 하지 않던 냉전시절에도 중국과는 대규모 교역을 계속했고, 지금은 23만 명의 중국학생들이 미국 내 대학에서 유학하고 있다. 따라서 미국의 아시아 재균형전략은 중국을 견제하기 위한 정책이라기보다는 중국의 올바른 정책결정을 유도하기 위한 환경조성용이라고 하는 편이 더 정확한 말일 것이다.

어떤 전문가들은 중국을 국력이 커짐에 따라 기존의 국제질서를 뒤흔들려고 하는 '수정주의 국가'revisionist state 로 본다. 하지만 중국은 지난 세기의 나치 독일이나 소련처럼 본격적인 의미의 수정주의 국가는 아니다.

중국은 BRICS 개발은행 설립에 참여하고, 자신들이 필요로 하는 지역기구에는 적극적으로 관여하고 있다. 그러면서 한편으로는 유엔과 국제통화기금IMF, 세계은행World Bank, 세계무역기구WTO를 비롯해 현존하는 여러 국제기구들로부터 많은 혜택을 누리고 있기 때문에 기존 질서를 완전히 무너뜨리려고 하지는 않는다.

자국의 이익을 위해서도 중국은 지난 20년 동안 국제 금융위기를 진정시키는 일에 나름대로 역할을 했다.[26] 유럽과 일본, 인도는 각국의 책임 있는 행동을 중시하는 국제환경을 만드는 데 힘을 보탰다.

중국도 이제는 국제무대에서 자신의 평판에 신경을 쓰는 나라이다. 그렇기는 하지만 중국은 앞으로 경제력이 계속 커지면서 그러한 국제적인 압력에 맞서려고 할 가능성도 따라서 커질 것이다.

한편으로는 기술 발전과 사회적인 변화가 진행되면서 기후변화, 전염병, 테러리즘, 조직범죄, 사이버범죄와 같은 새로운 국제적인 이슈들이 글로벌 아젠다에 추가될 것이다. 이러한 문제들은 국가 간 힘의 이동을 나타내는 게 아니라, 모든 국가들로부터 힘의 분산이 이루어지고 있음을 보여준다.

이러한 글로벌 위협에 대처하기 위해서는 중국과 유럽, 미국을 비롯해 많은 나라들을 포함하는 정부 간 협력의 필요성이 점점 더 절실해진다.

중국은 동아시아에서 더 큰 역할을 하고 싶어 하고, 미국은 이 지역에 자신이 안보를 책임져 주기로 약속한 동맹국들이 있다. 오판으로 인한 분쟁 가능성은 상존하지만, 그렇다고 분쟁을 피할 수 없는 것은 아니다.

지금처럼 높은 경제성장률을 계속 유지해야 하고, 또한 중국경제가 미국경제의 높은 수준을 따라가려면 앞으로도 수십 년이 더 걸릴 것이라는 사실을 솔직하게 인정할 때 비로소 중국 지도부는 국민들로부터의 지지를 계속 유지할 수 있게 된다.

과거 독일이 영국의 뒤를 바짝 추격하면서, 공업 분야는 영국을 추월한 적이 있었다. 현재 미국은 글로벌 차원에서 군사, 경제, 소프트파워 면에서 모두 중국보다 앞서 있다. 더구나 중국은 과거 영국을 추격하면서 독일이 취했던 정책을 그대로 따라 할 수도 없다. 그런 정책은 너무 모험적이어서 자칫하면 그 동안 유지해온 국내 안정과 국제적으로 누리던 혜택을 모두 위태롭게 할 수 있기 때문이다.

다시 말해 1세기 전 영국이 독일을 상대할 때보다는 미국이 현재 빠른 속도로 부상 중인 중국과의 관계를 관리할 수 있는 여지가 더 많다.

그리고 중국은 스스로의 행동을 자제함으로써 얻는 인센티브가 많다는 사실을 알고 있다.

하지만 두려움은 두려움을 낳는다. 미국과 중국이 서로의 관계를 잘 관리할 수 있느냐는 또 다른 문제이다. 사람의 실책과 오판은 언제든지 가능하지만 올바른 선택을 한다면 지역 전쟁은 얼마든지 피할 수 있을 것이다.

중국의 부상은 이제 긴 과정의 출발점에 겨우 올라서 있다. 중국이 미국의 세기를 끝장낼 수 있는 수준까지 힘을 키우려면 아직 멀었다.

제 **5** 장

미국은 로마의 전철을
밟을 것인가?

**Absolute Decline
Is America Like Rome?**

《우리가 로마인가?》*Are We Rome?* 컬런 머피Cullen Murphy 는 유명한 이 책 제목을 통해 이런 물음을 던졌다. 그가 내린 결론은 '어쩌면 그럴지도 모른다.'는 것이었다.[1] 로마는 다른 강대한 제국이 새로 나타나 무릎을 꿇은 게 아니었다. 앞에서 설명했듯이, 로마는 사회와 경제, 제도 등에서 야만족들의 침공에 맞서 스스로를 지킬 수 없을 정도로 약화되는 절대적인 내부 쇠퇴과정을 겪었다.

어떤 전문가들은 외부로 힘을 행사하는 데 드는 비용 때문에 국내경제가 악화되며, 이러한 "외부로의 제국주의적인 세력 확장이 한 국가의 절대적인 쇠퇴를 가져온다."고 주장한다.[2] 현재 미국이 처한 입장은 지난 수십 년 동안 GDP에서 국방비와 외교비 지출이 차지하는 비율이 줄어들었기 때문에 이 이론에 들어맞지 않는다.

그럼에도 불구하고, 미국이 '제국주의적인 외부 확장' 때문이 아니라 국내적인 이유 때문에 상대적인 국력이 쇠퇴할 가능성은 있다. 로마는 시민들이 자신들의 문화와 제도에 대한 믿음을 잃으면서 내부에서 썩어나갔다. 지도층은 세력다툼에 빠졌고, 부패는 심화되고, 경제는 성장을 멈추었다.[3]

미국은 문화를 둘러싼 내부의 논란과 제도의 붕괴, 경제침체 때문에 세계적인 이슈들에 대한 영향력을 상실하게 될 것인가? 경제가 어려움에 처하게 되고, 그래서 내부로부터 힘의 쇠퇴를 겪게 되면 미국은 하드파워와 소프트파워를 모두 잃을 수가 있다.

그리고 상당한 수준의 군사적, 경제적인 힘과, 소프트파워를 계속 보유하게 된다고 하더라도, 이런 힘의 원천들을 효과적인 영향력으로 전환시키지 못하게 될 수도 있다.

사회와 문화
Society and culture

문 화는 절대로 가만히 정체돼 있지 않는다. 그리고 많은 전문가
들이 현 세대의 문화가 진행되는 방향에 대해 못마땅해 한다.
예를 들어, 과도한 물질주의와 성性적인 관행sexual mores 의 변화, 저급
한 대중문화의 번성 등을 사회가 쇠퇴하는 절대적인 증거로 들기도 하
고, 남녀 성비 변화와 인종 간 관계의 급격한 변화를 관용의 정신이 진
전된 것으로 받아들이기도 한다.

미국은 많은 사회적 문제를 안고 있지만, 이 문제들이 악화일로를
향해 일직선으로 치닫는 것 같지는 않다. 범죄율과 이혼율, 십대 임신
율은 오히려 감소하고 있다. 동성결혼, 낙태 같은 문제를 둘러싼 문화

갈등이 빚어지고 있지만, 조사결과 전반적으로 관용의 분위기가 증가하는 것으로 나타난다.

시민사회는 건강을 유지하고 있으며, 조사결과 매주 교회에 가는 사람의 비율은 37%로 십 년 전과 비교해 아주 미미한 하락을 보이는 것으로 나타났다. 언론은 뉴스를 파는 속성상 좋지 않은 뉴스를 키워서 보도하는 경향이 있으며, 국가적인 흐름에 대해 사람들이 보이는 반응은 언론 보도 등을 매개로 만들어지는 간접현상mediated phenomenon 일 뿐이다.

만약에 모든 사람이 워싱턴 정가에서 벌어지는 일이 엉망진창이라는 사실을 자기 눈으로 직접 본 것이 아니라, 언론을 통해 '알게' 되었다고 치자. 그런 사람들은 여론조사에 응할 때 국가가 처한 상황에 대해 사람들이 전통적으로 하는 평가, 다시 말해 워싱턴 상황이 엉망이라는 식으로 답을 하게 된다는 말이다. 이런 경우 그렇게 나타나는 조사결과를 증거로 미국사회가 쇠퇴하고 있다고 말할 수는 없다.

노예제도, 금주법, 매카시즘, 민권운동 등 과거 미국에서 벌어진 문화갈등의 소재들은 지금보다 훨씬 더 첨예한 이슈들이었다. 사람들은 흔히 지나간 시대는 영광스런 시절이었다고 회고하며, 그 시절과 비교해 지금을 쇠퇴의 시기로 쉽게 치부하려는 경향이 있다.

사회적, 문화적 이슈를 둘러싼 국내갈등이 첨예화되면 시민사회의 집중력이 저하되어 분열을 겪게 되고, 그 결과로 대외정책에서 집단적으로 행동할 능력을 잃게 된다. 그런 경우, 문화적 갈등이 거꾸로 미국의 힘에 영향을 미치는 결과를 나타냈다.

미국사회는 1970년대 베트남전쟁을 둘러싼 깊은 분열로 인해 그와 같은 문제를 겪었다. 보다 최근 들어서는 2013년에 예산안을 둘러싼 갈등으로 정부 폐쇄가 장기화되면서 오바마 대통령이 아시아 순방을 연기하게 된 일이 있었다. 그보다 앞서 1995년에는 클린턴 대통령이 유사한 이유로 해외순방을 연기한 바 있다.

여러 사회적인 여건들이 악화되면서 미국의 소프트파워를 약화시킬 수도 있다. 미국은 여러 사회적인 이슈들에 있어서 진전된 모습을 보여주고 있으나, 영아사망률, 평균수명, 어린이 빈곤, 감금, 살인 등의 문제에서는 다른 선진국들에 비해 뒤처져 있다. 이런 현상들은 미국의 소프트파워에 손상을 줄 수 있다.

하지만 이런 문화적인 변화들은 미국만 겪는 것은 아니고, 다른 선진국들에서도 논란이 되고 있는 문제들이다. 1960년 이후 서구사회 전반에 권위에 대한 존중을 비롯해 그때까지 소중하게 지켜온 여러 가지 행동준칙에 대한 존중심이 줄어들기 시작했다. 하지만 그렇다고 해서 미국사회의 수준이 다른 선진국들에 비해 터무니없이 낮은 것은 아니다.

자선기부와 사회봉사와 같은 행동 면에서 미국사회는 여전히 높은 수치를 나타내 보여주고 있다. 반면에, 최근 실시된 거주적합성index of livability, 다시 말해 살기 좋은 나라를 나타내는 지수에서 미국은 132개 조사대상국 가운데 16위에 머물렀다.**4**

이민은 여러 선진국에서 민감한 사회문제가 되고 있다. 그런데 미국은 적극적인 이민정책에 힘입어 인구가 줄지 않고, 세계인구에서 차지하는 비율을 꾸준히 유지하고 있는 몇 안 되는 나라 가운데 하나이다.

이민이 국가가 추구하는 가치national values 를 혼란스럽게 만들고, 미국이 일관성 있는 국가 정체성을 유지하는 데 부정적인 영향을 미칠 것이라는 우려는 이전부터 있어 왔으며, 전혀 새로운 것이 아니다.

19세기에 토착 미국인들이 만든 소위 'Know Nothing Party'라는 이름의 단체는 이민자들, 특히 아일랜드 이민자 배척을 명분으로 내세웠다. 그로부터 한 세기가 지난 뒤에 미국은 아일랜드인 가톨릭교도를 대통령으로 선출했다. 미국은 지금도 새로운 이민자들에게 기회의 문을 열어주는 이민자들의 나라이다.

20세기 들어서 미국은 1910년에 전체 국민 가운데 외국에서 태어난 국민의 비율이 14.7퍼센트를 차지해 역대 최고치를 기록했다. 그로부터 한 세기 뒤인 지금은 외국에서 태어난 국민의 수가 약 4천만 명으로 전체 인구의 13퍼센트를 차지하고 있다.

이처럼 수치상으로 이민자들의 나라가 되어 있음에도 불구하고, 최근의 퓨 리서치 여론조사는 전체 미국인 가운데 36퍼센트가 법적인 이민자 수를 제한해야 한다고 답한 것으로 나타났다. 응답자들은 새로 유입되는 이민자의 수가 너무 많다는 점과, 이민자들의 출신지가 미국 문화에 부정적인 영향을 미칠 것을 우려했다.

2010년 인구센서스 자료를 보면 히스패닉계 인구의 증가는 불법이민과 합법이민을 합한 새로운 이민자가 대거 유입된 결과인 것으로 나타났다. 히스패닉계는 현재 전체 인구의 16퍼센트로 흑인 인구를 제치고 소수인종 가운데 가장 높은 비율을 차지하고 있다.

이민 반대론자들은 이들이 미국사회에 동화되지 않는다는 점을 문제점으로 지적한다. 하지만 여러 증거자료들은 최근의 이민자들이 적어도 자기 선조들만큼은 빠른 속도로 미국사회에 동화되고 있음을 보여준다.

이민자의 급격한 증가는 여러 사회적인 문제점을 야기할 소지가 있다. 하지만 장기적으로 보면 이민은 미국의 소프트파워를 강화시켜 줄 가능성이 높다. 해가 거듭될수록 대부분의 선진국들이 인구 부족 현상에 시달리게 될 것이다. 하지만 미국 통계국은 2010년부터 2050년 사이에 미국 인구는 42퍼센트 증가해 4억 3900만 명에 달할 것으로 예측했다.

현재 미국은 세계에서 인구가 세 번째로 많은 나라이다. 앞으로 50년 후에도 미국은 세계 상위 3위 내지 4위의 인구 대국 자리를 지키게 될 것이다. 이러한 사실은 경제력 측면에서 도움이 된다. 그리고 현재 거의 모든 선진국들이 인구 노령화로 젊은 세대가 노후 세대를 돌봐야 하는 부담에 직면하고 있다는 점을 감안한다면, 미국의 경우는 이민이 그런 짐을 덜어줄 수 있을 것이다.

직접적인 효과 면에서도 예를 들어 이민자 대학졸업생 수가 늘어나면서 일인당 특허권 보유수도 증가하고 있다는 연구결과가 있다. 첨단기술 분야 창업자의 4분의 1이 이민자들이고, 포천Fortune 500대 기업의 40퍼센트가 이민자나 이민자 후손들이 창업한 것으로 조사됐다.[5]

미국의 소프트파워를 키우는 데도 이민자들이 도움이 되고 있다. 미국으로 이주하고 싶어 하는 사람이 많고, 이민자 수가 늘고 있다는 사실은 다른 나라 사람들에게 미국에 대한 호감도를 높여준다. 결과적으로 미국은 자석처럼 많은 사람을 끌어 모으고, 그 사람들은 자신을 미국인이라고 생각하게 되는 것이다. 나아가 이민자들이 자신의 모국에 남아 있는 가족 친지들과 맺고 있는 유대관계는 미국에 관한 정확하고 긍정적인 정보를 널리 전파하는 데 도움이 된다.

이민정책은 미국의 하드파워와 소프트파워를 약화시키는 게 아니라 두 가지 힘을 모두 강화시켜 준다. 미국과 중국에 대한 예리한 관찰자인 리콴유 싱가포르 전 총리는 내게 이런 말을 한 적이 있다. 미국은 전 세계에서 가장 우수하고 영민한 인재들을 끌어 모아 다양한 창조적인 문화를 만들어내고 있다. 반면에 자기가 보기에 중국은 국내에서 그보다 더 많은 우수 인재들을 발굴해냈지만, 자국 문화 중심적인 중화中華 사상 때문에 중국이 창의력 면에서 미국보다 뒤처지게 되었다는 것이었다.

경제
The Economy

지금까지 문화적, 사회적인 여러 문제들을 살펴보았지만, 아직은 이런 내부의 문제들이 미국의 대외적인 힘을 약화시키는 쇠퇴 징조를 뚜렷하게 보여주지는 않는다. 하지만 생산성 수준과 지속적인 경제성장 능력이 떨어지면서 장기적인 침체 국면으로 이어진다면 내부의 약화가 외부의 쇠퇴를 부를 수가 있다.

미국경제는 거시적인 전망은 항상 밝지만, 2008년 금융위기를 겪은 이후부터 10년 가까이 저성장 시기를 겪고 있는 것 같다. 하지만 이는 1990년대에 투기버블 붕괴를 겪은 이후 10년 동안 저성장의 고통스런 시기를 겪은 일본의 경우와는 다르다.

국제통화기금IMF 은 미국경제가 앞으로 수년 동안 평균 2~3퍼센트의 성장을 계속할 것으로 전망하고 있다. 미국의 잠재성장률보다 낮게 잡은 수치이기는 하지만 그렇다고 침체stagnation 수준은 아니다. 그리고 많은 전문가들이 미국경제에 대해 2퍼센트 성장이라는 어두운 전망을 내놓고 있는 것과는 달리, 국민소득national income 은 35년 만에 두 배로 늘어날 전망이다.

1980년대에는 많은 전문가들이 미국의 주도적 위치는 사라졌다고 생각했으며, 이런 생각들이 앞부분에서 언급한 미국의 쇠퇴 분위기를 키우는 데 기여했다. 2차세계대전 이후 20년 동안 연평균 2.7퍼센트를 유지한 노동생산성labor productivity 이 1980년대 들어서는 1.4퍼센트로 떨어졌다.

일본과 독일이 미국의 자리를 대신 차지하게 될 것이라는 전망이 우세했으며, 이런 분위기가 미국의 하드파워와 소프트파워를 약화시켰다. 미국은 경쟁력의 비교우위를 상실한 것 같았다. 하지만 금융위기와 이후 계속된 경기후퇴기를 겪었음에도 불구하고 오늘날 세계경제포럼World Economic Forum 은 미국의 글로벌 경쟁력을 154개국 가운데 3위로 랭크했다. 경제선진국 가운데서는 미국보다 앞선 나라가 없었으며, 중국은 28위를 기록했다.[6]

니얼 퍼거슨Niall Ferguson 이 지적한 것처럼 2008~9년에 1위를 기록한 것에 비하면 순위가 하락한 것이 사실이다. 하지만 경기후퇴와 과도한 입법과 규제를 비롯해, 제도적인 면에서의 쇠퇴 등이 얼마나 반영된 평가인지는 분명치 않다. 현재 미국경제는 정보기술과 생명공학, 나노기술 등 여러 새로운 분야에서 선두적인 위치를 고수하고 있다. 이는 21세기에 대단히 중요한 분야들이다.

생산성 증가가 미국의 힘을 유지시켜 주는 받침대 구실을 해 줄 것인가? 아니면 미국이 결국 절대적인 쇠퇴absolute decline 의 길로 들어서고 말 것인가? 낙관론자들은 미국이 정보기술 분야의 생산과 이용 면에서 선두자리를 지키고 있다는 점을 낙관의 근거로 제시한다.

1990년대에는 컴퓨팅 파워computing power 부문의 비용을 크게 절감시킨 것이 미국경제의 생산성을 강화시켜 주었다. 물론 생산성 강화에 기여한 것이 컴퓨팅 파워의 비용절감만은 아니다. 농업 부문의 대대적인 혁신과 세계시장으로의 문호개방도 기여를 했다.

에너지 분야도 미국경제에 대해 낙관론을 펴는 주요한 근거 가운데 하나이다. 셰일가스가 몰고 온 에너지 혁명도 미국에서 시작됐다. 수평시추horizontal drilling 와 수압파쇄hydraulic fracturing 는 새로운 공법이 아니지만, 2000년대 초반 들어 이를 셰일가스 개발에 처음으로 이용하기 시작한 것은 미국 기업가정신의 산물이다.

새로운 세기가 시작되는 시점에서 많은 전문가들은 석유생산이 세계경제에서 차지하는 역할이 정점에 도달했다고 생각했다. 미국경제는 에너지 수입에 의존하기 때문에 점차 약세로 돌아설 것이라는 전망이 나오고 있었다. 값비싼 액화천연가스LNG 를 수입하기 위해 계속 터미널을 건설해야 했다. 그러던 것이 지금은 이 터미널들을 저가의 LNG 수출용으로 전환하고 있다.

북미대륙은 이제 2020년대가 되면 에너지 자급이 가능할 것이란 전망이 나오고 있다. 미국 에너지부는 채굴 가능한 셰일에너지 자원과 석유 가스 자원을 합하면 앞으로 2세기 동안은 에너지 걱정을 하지 않아도 될 것으로 내다보고 있다. [7]

셰일가스 혁명은 경제적인 면에서 여러 가지 중요한 의미를 가진다. 몇 가지 소득은 시장의 힘이 만들어내는 결과물이다. 우선 셰일 에너지 생산은 경제를 활성화시키고 일자리를 창출한다. 그리고 에너지 수입이 줄어들면서 수출입 수지균형을 이루는 데 도움이 된다. 새로운 세수원이 만들어짐으로써 정부예산에 여유가 생긴다.

값싼 에너지가 공급되면서 산업은 국제경쟁력을 높일 수 있게 되고, 석유화학, 알루미늄, 철강 같은 에너지 집약 부문은 특히 더 많은 혜택을 누리게 될 것이다. 시장에 끼치는 심리적인 효과도 무시할 수 없다. 한동안 에너지 수입의존도 증가가 미국의 쇠퇴 증거로 제시되는 경우가 많았기 때문이다.

셰일혁명은 미국의 에너지 대외의존도를 변화시켜 주었을 뿐만 아니라, 기업가정신과 재산권property rights, 자본시장을 한군데 결합시켜 내는 미국경제의 숨은 힘을 보여주었다.

연구개발 전 부문에서 미국은 단연코 세계 1위이다. 2014년에 미국은 4650억 달러를 지출해 전 세계 연구개발비의 31퍼센트를 차지했다. 중국의 경우는 17.5퍼센트, 일본은 10.3퍼센트를 차지하고 있다. 미국은 GDP의 2.8퍼센트를 연구개발비로 지출하고 있으며, 이는 3.5퍼센트를 각각 쓰는 일본과 한국보다 약간 밑도는 수치이다.[8]

미국의 연구개발자들은 2014년 한 해 동안 약 13만 3000건의 특허를 미국 내에서 등록했다.[9] 법인세율과 인적자본, 그리고 해외특허의 증가를 미국경제의 문제점으로 지적하는 보도들은 대부분 과장된 것이다. 사람들은 미국인들이 기술을 이용하고 상용화하는 데 있어서 보다 혁신적이며, 기업가정신과 성숙한 벤처캐피털 산업, 대학과 산업 간의 긴밀한 협력관계, 개방적인 이민정책 등이 이를 가능케 하고 있다고 말한다.

미국경제의 미래에 대한 우려 가운데는 낮은 개인저축률, 경상수지적자Current Account Deficit, 그리고 정부부채의 증가 등이 포함돼 있다. 경상수지적자는 미국의 대외부채가 점점 늘어난다는 뜻이다. 개인저축률은 산정하기가 쉽지 않으며, 측정과정에서 심각한 오류가 발생할 소지가 많다. 그렇다고 해도 지금의 추세가 하향국면인 것만은 분명하다.

1970년대에 개인소득의 9.7퍼센트를 차지하던 개인저축률은 2001년에 거의 제로로 떨어졌다가, 2008~9년 금융위기를 겪은 이후 현재 4퍼센트 수준으로 회복된 것으로 나타나 있다.[10] 저축률이 경제에 얼마나 큰 영향을 미치는지는 정확히 계산해 내기가 어렵다. 국민저축률national savings rate 에는 개인저축 외에도 정부저축과 기업저축이 포함된다. 일본은 높은 개인저축률을 유지하면서도 경제는 침체를 겪었다.

금융위기 이후 큰 걱정거리 중 하나는 정부부채를 어느 수준으로 유지할 것이냐는 점이었다. 영국 역사학자 니얼 퍼거슨Niall Ferguson 은 이렇게 말했다. "제국의 쇠퇴는 이렇게 시작된다. 부채문제가 폭발하면서 제국이 붕괴되는 것이다… 미국을 '안전처'라고 믿는 것은 넌센스이다. 미국 정부를 보고 안전처라고 말하는 것은 1941년에 진주만이 안전하다고 말했던 것과 같다…공공의 손에 맡겨진 연방정부 부채는 2년이면 GDP의 100퍼센트를 넘어설 수 있다."[11]

퍼거슨처럼 비관적으로 보지 않는 전문가들도 많다. 연방적자는 현재 GDP의 3퍼센트로 관리가능한 수준이며, GDP에서 차지하는 비율로 보면 완만한 하향곡선을 그리고 있다고 한다. 그리고 현재 일본은 정부부채 비율이 미국의 두 배에 달한다. 하지만 의회예산처 Congressional Budget Office 자료에 의하면 정책적인 조치를 취하지 않을 경우 부채비율은 장기적으로 2039년이면 GDP의 6.5퍼센트까지 오를 것으로 전망되고 있다.

교육도 우려되는 분야이다. 정보화 시대에는 교육이 경제의 성패를 좌우하는 핵심적인 역할을 하기 때문이다. 일단 미국교육은 문제가 크게 없는 것으로 보인다. 2013년 교육부 자료에 따르면, 전체 성인 가운데 88퍼센트가 고등학교를 졸업했고, 32퍼센트는 대학 졸업자이다. 미국의 대학졸업자 비율은 다른 대부분의 나라들보다 높다. 그리고 미국은 GDP에서 차지하는 비율로 따져서 프랑스, 독일, 영국, 일본 같은 나라들보다 거의 두 배 가까운 예산을 고등교육에 지출한다.

미국의 고등교육 시스템은 단연코 세계 최고이며, 미국의 대학들은 학교평가에서 지난 수십 년 동안 영국, 유럽대륙, 일본의 경쟁대학들과 비교할 때 격차를 계속 벌이며 선두를 고수하고 있다. 상하이 교통대학交通大學은 세계대학순위를 발표하면서 상위 20개 대학 가운데 17

개 대학을 미국대학으로 채웠다. 중국 대학은 한 곳도 이름을 올리지 못했다.[12]

노벨상 수상자들의 국적을 보면 미국인 국적자가 제일 많으며, 전문 저널의 논문 발표자도 마찬가지이다. 이런 업적들은 미국의 경제적인 파워와 소프트파워를 모두 강화시켜 주는 요소들이다.

하지만, 미국의 교육은 높은 단계에서는 강한 반면 낮은 단계에서는 수준이 크게 떨어지는 문제점을 안고 있다. 고등교육과 중등과정의 고등학교에 해당되는 부분은 글로벌 기준을 리드하는 수준이지만, 특히 빈곤한 지역의 경우 초등학교와 중학교에 해당되는 부분은 대부분 수준이 크게 뒤처져 있다.

이는 정보화에 기반을 둔 경제에 필요한 높은 수준의 노동력을 제대로 공급해 주지 못할 수 있다는 것을 의미한다. 2013년 전국학력평가 결과 4학년 가운데 '우수'proficient level 이상을 받은 학생은 수학과목에서 전체의 42퍼센트, 읽기과목에서는 35퍼센트에 불과했다. 이마저도 10년 전 조사 때와 비교해서 다소 향상된 결과였다. [13]

경제협력개발기구OECD 의 2013년 보고서에 따르면 20개 선진국의 성인 기술수준 비교평가 결과 가운데서 3600만 명에 달하는 미국 성인들이 낮은 기술수준을 보였고, 미국의 청년 노동자들은 산술능력과 기술숙련도 부문에서 꼴찌를 기록했다. 이것이 과거에 비해 향상된 수준인지는 분명치 않다. 하지만 점점 더 많은 나라들에서 교육의 질이 향상되면서 미국이 그동안 누려온 교육적인 비교우위가 퇴색해 가는 것은 분명하다.[14]

세계 30대 부국 가운데서 고교 졸업율이 미국보다 낮은 나라는 뉴질랜드, 스페인, 터키, 멕시코뿐이다.[15] 미국의 학생들이 경제발전에 걸맞는 지식습득과 기술연마에 소홀하다는 증거로 볼 수 있을 것이다.

국가 소득분배 면에서의 변화도 미국경제에 잠재적인 문제가 되고 있다. 미국통계국 자료에 따르면 가구소득불평등은 1947년부터 1968년 사이에 완화되다가, 1968년부터 다시 심화되기 시작했다. 소득분배의 불평등지수인 미국의 지니계수는 0.42로 국제수준에 비추어볼 때 비교적 높은 수준이며, 지난 수십 년에 걸쳐 지속적으로 오르고 있다.[16]

부자 인구 상위 10퍼센트가 차지하는 경제적인 파이의 비율은 1913년에 비해 더 높아졌다. 지난 세대 동안 상위 1퍼센트가 차지하는 개인소득의 비중은 10퍼센트 포인트 상승한 반면, 하위 90퍼센트에게 돌아가는 몫은 비슷한 폭으로 줄어들었다.

기술의 변화와 교육수준이 낮은 인력을 기피하는 노동력 수요 형태의 변화는 지난 4반세기 동안 가장 부유한 나라들에서 최상위 부자층과 최하위 빈곤층의 소득격차가 급격하게 벌어진 이유를 설명해 줄 가장 중요한 요인일 수 있다. 우리가 관심을 갖는 것은 이러한 불평등이 미국의 하드파워와 소프트파워에 영향을 미칠 것이냐 하는 점이다.

경제학자들은 소득불평등이 성장을 둔화시키느냐는 점에 대해 서로 견해를 달리한다. 그리고 지금까지는 소득불평등이 대부분의 미국인들에게 있어서 계층이동class mobility 에는 영향을 주지 않은 것으로 나타났다. 하지만 소득불평등이 훈련수준이 낮은 노동인력들의 건강과 교육기회에 영향을 미치며, 또한 노동생산성뿐만 아니라 기회균등 면에도 좋지 않은 영향을 미친다는 사실을 익히 알고 있다. [17]

소득불평등이 정치적 엘리트 집단의 정치적인 기득권을 더 공고히 해주고, 그로 인해 경제 생산성에 제약을 가져올 수 있는 정치적인 반응을 불러일으킬 여지는 있을 것이다.

미국경제의 소프트파워를 둘러싼 논란은 수시로 있어 왔다. 많은 사람들이 미국경제가 장기간에 이룩한 업적에 찬사를 보내면서도 한편으로는 소득불평등의 대표 모델인 것처럼 비판한다. 미국경제에서 정부가 하는 역할은 GDP(모든 영역에서)의 약 40퍼센트를 지출하며 그렇게 높은 비중을 차지하지 않는다. 이에 비해 유럽은 정부가 GDP의 거의 절반 가량을 지출한다. 그러다 보니 인프라와 같은 공공재화에 대한 투자가 부족하다.

시장경제의 경쟁력은 강하지만, 사회적 안전망은 취약하다. 노조의 힘은 약하고, 노동시장의 유연성이 강화되고 규제수준은 낮다. 미국의 건강보험은 비싸고 불평등하다. 문화적 태도와 파산법, 금융구조는 기업가정신을 강력히 옹호하고 있다. 규제는 매우 투명하게 운용되고 있으며, 주주들이 기업 경영진에 많은 영향력을 행사할 수 있도록 되어 있다.

외국인들은 미국이 갖추고 있는 이런 덕목들에 박수를 보낸다. 하지만 시장의 힘에 의존함으로써 불평등과 불확실성, 거시경제적인 면에서의 불안정이라는 대가를 치르게 된다는 점 때문에 반대하는 사람들도 있다.

이러한 문제점과 불확실성에도 불구하고 미국경제를 절대적인 쇠퇴국면에 들어섰다고 말하는 것은 정확한 진단이 아니다. 미국경제는 앞으로도 외적인 하드파워를 계속 키워나갈 것이다.

정치제도
Political institutions

미국의 정치제도를 둘러싼 불확실성은 점점 더 커지고 있다. 많은 전문가들이 미국 정치제도 곳곳에 자리한 마비 현상들 때문에 국력의 구성요소들이 현실적인 힘으로 발휘되지 못하고 있다고 생각한다.

프랜시스 후쿠야마Francis Fukuyama 는 이렇게 지적한다. "경제가 비교적 견고한 수준을 유지하고 있기 때문에 미국사회가 쇠퇴기에 들어섰다고 할 수는 없다. 하지만 정치제도는 구조적으로 상당한 수준의 부패를 피하기 힘들도록 되어 있다."18

정파적인 대립으로 인한 마비 현상이 계속 심화되고 있는 가운데,

문제는 상황이 과거에 비해 얼마나 더 악화될 것이냐 하는 것이다. 새라 바인더Sarah Binder 는 "두 정당 간의 이념적인 차이는 19세기 말 이래로 거의 최고점에 달해 있다."고 말한다. 오바마 대통령 재임 중 두 번째로 선출된 의회는 기능이 거의 마비됐다는 점에서 클린턴 대통령 때의 두 번째 의회와 막상막하이다.

그 중간에 구성된 111대 의회에서는 경기부양책과 의료보험개혁, 금융규제법안, 군축협정, 군대 내 동성애자 차별금지를 비롯한 주요 법안들이 통과됐다. 바인더는 이런 상황에 대해 "우리 정치제도가 지금 처해 있는 어려운 국면을 잘 헤쳐 나갈 수는 있을 것이라고 본다. 하지만 그렇더라도 한동안 법안처리능력이 떨어지는 의회를 피하기 힘들 것이다."라고 말했다.[19] 퓨Pew 리서치 조사결과를 보면 지난 20년 사이에 미국 사회의 이념적인 일관성ideological consistency 은 10퍼센트에서 20퍼센트로 두 배 늘어났다. 그러면서도 대부분의 미국인들이 획일적으로 보수나 진보적인 입장을 갖고 있지는 않으며, 의원들에게 중도적인 입장에서 법안처리에 임해 주기를 바라는 것으로 나타났다. 하지만 민주, 공화 양당은 1970년 이후 이념적으로 진영 별로 점점 더 획일화되고 있는 것으로 나타났다.[20]

국력을 구성하는 요소들을 어떻게 효과적인 영향력으로 바꿀 것인

가 하는 '힘의 변환'Power conversion 은 미국이 처음 당면하는 문제는 아

니다. 미국헌법은 18세기의 자유주의 사상에 기초해서 만들어졌으

며, 권력의 집중이 아니라 견제와 균형의 원리를 따르고 있다. 이에 따

라 국민의 자유를 침해하지 못하도록 행정부를 일부러 비효율적으로

운영되도록 만들어놓은 것이다. 외교정책에 있어서 헌법은 대통령과

의회가 주도권 장악을 놓고 서로 밀고 당기기를 하도록 해놓았다. 강

력한 힘을 가진 경제 단체와 민족 집단들은 자신들의 이익을 관철시키

기 위해 의회를 상대로 외교정책 방향에 영향력을 행사하고, 특정 국

가에 제재조치를 취하도록 하는 등의 압력을 행사한다. 헨리 키신저

Henry Kissinger 는 이렇게 설명한다. "미국이 패권을 추구한다는 비판을

듣게 만든 정책들이 사실은 국내 압력단체들의 요구에 따라 취해진 경

우가 많다."[21]

여론조사를 보면 제도에 대한 국민들의 신뢰가 하락하고 있는 것으

로 나타난다. 1964년에는 연방정부가 항상 올바른 정책을 수행하는

것으로 믿는다고 응답한 국민이 전체의 4분의 3에 달했다. 하지만 지

금은 정부에 대해 이렇게 높은 신뢰를 표시한 국민의 수는 5분의 1에

불과하다.

이 수치는 2001년에 9/11사태가 일어났을 때처럼 애국심이 솟아나

는 분위기에서는 올라갔다가 이후 다시 서서히 내려가는 식으로 시간

을 따라 변동을 보였다. 주정부를 비롯한 지방정부에 대한 신뢰도는 연방정부보다 약간 높게 나타났다.[22]

신뢰도가 떨어지는 게 중앙정부만은 아니다. 지난 수십 년 동안 미국 내 여러 주요 기관들에 대한 국민의 신뢰가 절반 이상 떨어진 것으로 나타났다. 대학은 61퍼센트에서 30퍼센트로, 주요 기업들은 55퍼센트에서 13퍼센트로, 의료기관은 73퍼센트에서 33퍼센트로, 언론은 29퍼센트에서 11퍼센트로 각각 신뢰도 하락을 보였다. 지난 10년 간 신뢰도가 올라간 곳은 학교와 군이고, 신뢰도가 내려간 곳은 월스트리트와 주요 기업들이었다. [23]

오랜 제퍼슨주의 전통에 따라 미국인들은 정부에 대한 국민의 신뢰 수준이 높지 않다고 해서 크게 걱정하지는 않는다. 더구나 매일매일 일상적으로 움직이는 정부에 대한 신뢰를 묻는 게 아니고, 국가와 헌법의 기본 골격에 대한 전반적인 신뢰를 묻는 질문에는 대단히 긍정적인 답이 나온다.

세상에서 제일 살기 좋은 나라가 어디냐고 묻는 질문에 미국인 응답자의 82퍼센트가 미국이라고 답했다. 미국의 민주적인 정부 시스템에 만족하느냐는 질문에는 90퍼센트가 그렇다고 답했다. 정부가 부패했기 때문에 뒤엎어야 한다고 답한 응답자는 거의 없었다.[24]

지금의 이러한 정서는 주기적으로 순환되어 나타나는 것일 수도 있고, 정치적으로 교착상태에 빠진 정치권에 대한 불만이 표출되는 것일 수도 있을 것이다. 가까운 과거와 비교해 봐도 정당정치는 더 양극화되었다. 하지만 형편없는 정치도 그 연원을 따지면 돌고 돌아 결국은 건국의 아버지들에게도 돌아간다.

　여론조사에서 보이는 문제점 가운데 하나는 대공황에서 살아남고, 2차세계대전을 승리로 이끈 세대에서 정부에 대한 신뢰가 이례적으로 높게 나타난다는 점이다. 장기적으로 보면, 1950년대와 1960년대 정부에 대한 사람들의 신뢰가 과도하게 높게 나타났고, 그 이후부터 아주 낮은 수준으로 내려가지는 않았다.

　정부에 대한 신뢰 하락의 근거도 대부분은 여론조사 결과였다. 동일한 질문에 대한 답이 시간이 지나면서 신뢰도가 낮아지는 경향을 보였는데, 왜 그런 것인지 어떤 의미를 담고 있는지는 분명히 짚어내기 힘들다. 신뢰도가 가장 급격하게 하락한 시기는 아주 가까운 과거가 아니라 40여 년 전인 1960년대와 1970년대로 나타났다.

　미국국세청Internal Revenue Service 자료에 따르면 여론조사에서 나타난 정부 신뢰도 하락에도 불구하고 세금탈루 사례는 늘지 않은 것으로 나타났다.[25] 세계은행 통계에 따르면 미국은 '부패관리'control of corruption 부문에서 높은 점수(백분위점수 90)를 받았다.[26] 통계조사에 자발적으로 응답우편을 보낸 사람은 2000년에 67퍼센트로 올라간 다음 2010년에도 같은 수치를 보였는데, 1970년 이래로 30년간 계속되던 하향추세가 드디어 멈춘 것이다.[27] 투표율은 20세기 후반 들어 62퍼센트에서 52퍼센트로 내려갔는데, 2000년에는 하락이 멈췄다가 2012년에 58퍼센트로 도로 올라갔다.

이를 보면 시민들의 행동이 여론조사에 나타난 것처럼 급격하게 바뀌지는 않은 것 같다.

제도에 대한 신뢰감 하락을 나타낸 원인은 개인주의 성향의 강화와 권위에 대한 존중심 하락 등 더 깊은 곳에 뿌리를 두고 있을지 모른다. 개인주의 성향과 권위에 대한 존중심 하락은 모든 포스트모던 사회의 공통적인 특성이기도 하다.

이러한 사회적 자본social capital 의 변화가 미국의 제도를 효율적으로 만드는 데 어느 정도의 영향을 미칠까? 로버트 퍼트넘Robert Putnam 은 지난 세기 동안 커뮤니티 구성원들 사이의 유대가 지속적으로 약화되지는 않았다고 말한다. 시민참여는 미국 역사를 통해 많은 굴곡을 겪었으며, 붕괴와 쇄신의 과정을 겪으며 진화해 왔다.[28]

미국민의 4분의 3은 자기가 속한 커뮤니티에 소속감을 느끼고 있고, 그곳에서의 삶에 대해 아주 만족해하거나 좋다고 답했다. 성인의 거의 절반은 시민그룹에 가입하거나 시민활동에 참여하고 있는 것으로 나타났다. 더구나 미국은 연방주의를 택하고 있어 다른 나라들에 비해 분산화가 훨씬 더 많이 이루어진 체제이다.

워싱턴에서 일어나는 당파적인 마비 현상과 달리 주州를 비롯한 지방정부 차원에서는 정치적인 협력과 혁신이 이루어지는 경우가 많다. 이코노미스트The Economist 는 이렇게 분석하고 있다. "미국의 정치 시스템은 연방정부 차원에서는 입법을 하기가 쉬운 게 아니라 어렵도록 만들어 놓았다. 미국 건국의 아버지들은 미국만한 크기의 나라는 전국 단위가 아니라 지방을 중심으로 움직이도록 하는 게 가장 적합한 통치 방법이라고 믿었던 것이다…그래서 기본적인 시스템만 작동되도록 해 놓았다. 하지만 그런 점이 개혁이 필요한 부분들을 그냥 방치하는 핑계가 될 수는 없다."[29]

미국의 정치제도가 스스로 개혁을 이루어서 위에 설명한 여러 문제들을 해결해 나갈 수 있을지 여부는 두고 볼 일이다. 어떤 비판가들은 미국의 문제점들을 로마의 내부붕괴에 비유하기도 하고, 심한 경우 미국사회가 마비상태 이르렀다고 말하기도 한다. 하지만 이런 사람들이 말하는 정도로 미국이 심하게 무너지지는 않았다.

보수 성향의 작가인 데이비드 프럼David Frum 은 지난 20년 사이에 미국은 인터넷 혁명을 주도하는 가운데서도 범죄건수, 자동차 사고 사망자, 산성비를 유발하는 배기가스, 낙태, 술과 담배 소비 같은 부분에서 큰 감소를 보였다고 지적한다.[30]

그러한 반면, 정치적인 장치들이 21세기에 들어와서도 효과적인 힘의 변환을 이루는 데 필요한 여러 수요를 제대로 담아낼 수 있느냐 하는 의문은 여전히 남아 있다.

결론
Conclusions

앞서 보았듯이, 고대 로마는 생산성이 없는 경제를 갖추고 있었고, 사회는 내부전쟁에 의해 사분오열되고 만연한 부패에 시달렸다. 그리고 정치적 장치들은 로마가 스스로를 지킬 수 없을 정도로 무너져 있었다. 이런 다른 점들 때문에 지속적으로 미국을 로마에 비유하는 것은 곤란하다.

미국 문화는 여러 군데 균열이 나 있지만, 그래도 아직 관리 가능한 수준이고, 과거에 있었던 여러 경우만큼 위험한 단계도 아니다. 물론 사회적인 문제도 많다. 일부는 더 악화되고 있고, 일부는 나아지고 있다. 하지만 미국사회는 외부세계로 문이 열려 있고, 무엇보다도 이민자들을 받아들임으로써 스스로를 쇄신해 나갈 수 있다.

미국경제는 과거보다 느리게 성장하고 있다. 하지만 기술을 사용하고 상용화하는 면에서 여전히 혁신적이다. 이는 기업가정신, 가장 성숙한 벤처 캐피털 산업, 산업과 세계 최고 수준의 대학들 간에 유지되는 긴밀한 관계 등에 힘입어서 가능한 일이다. 미국은 연구개발 부문에서 세계 최고이며, 뉴 사이버, 나노, 바이오, 에너지 기술 분야에서도 선두 자리를 지키고 있다.

미국이 해결해야 할 진짜 문제는 불평등, 그리고 미래 인력을 어떻게 교육시킬 것이냐 하는 것들이다. 정치제도를 어떻게 개선시켜 나갈 것인지도 심각한 문제이다. 정치적인 마비 현상은 미국 시스템이 출발할 때부터 안고 있는 태생적인 문제인데, 최근 여러 해 동안 워싱턴 정가에서 점점 더 심각해졌다. 과거에 비해 특별히 더 악화된 것은 아니라고 하더라도, 중요한 질문은 지금의 제도들로 미래에 당면하게 될 문제들을 과연 감당할 수 있을까 하는 것이다.

또한 미국의 연방제도는 주정부와 시정부 차원에서 다양성과 혁신을 수행할 수 있는 능력을 갖추고 있다. 연방정부의 역할이 줄어든다는 것은 미국에서 일어나는 혁신의 많은 부분이 연방정부 바깥에서, 다시 말해 워싱턴 밖에서 이루어지고 있음을 의미한다.

당파적인 다툼이 많아지고는 있지만 재정적자에서부터 에너지, 건강보험비용에 이르기까지 몇 가지 심각한 문제들은 최근 몇 년 사이에 더 악화되지 않고 오히려 개선되고 있다. 미국은 많은 문제들을 안고 있고, 많은 의문을 갖게 하는 나라이다.

하지만 이런 문제들이 미국의 절대적인 쇠퇴를 부를 정도는 아니다. 절대적인 쇠퇴가 시작되기 전까지는 미국의 세기가 언제 끝날 것이냐는 질문에 대한 답을 내놓을 수가 없다.

제**6**장

힘의 이동과
복잡해지는 세계

Power Shifts
and Global Complexity

이번 세기 들어와서 두 차례 큰 파워 시프트power shifts 가 있었다. 힘의 변환이 일어난 것이다. 한 번은 서방국가들에서 동방국가들로의 힘의 이동power transition 이 일어난 것이고, 또 한 번은 글로벌 정보혁명의 결과로 정부에서 비非 정부 행동주체들로 힘의 분산power diffusion 이 이루어진 것이다.[1] 나는 앞에서 국가 간의 힘의 이동을 가리키는 첫 번째 파워 시프트가 일어난다고 하더라도, 앞으로 30년 안에는 누구도 글로벌 세력균형의 중심 역할을 하는 미국의 지위를 끌어내리지 못할 것이라고 말했다.

파워 시프트로 인해 아미타브 아차리야Amitav Acharya 가 말하는 소위

'미국의 세계질서'라는 틀이 끝장날 것인지 여부는 분명하게 말하기 어렵다. 그는 다양한 영화가 동시에 상영되는 멀티플렉스 영화관을 비유로 들어 설명하며 여러 지역별로 이루어지는 대화의 틀을 상정했다.

하지만 이러한 틀이 어떻게 만들어지고 유지될지에 대해서는 상세한 설명을 하지 않고 있다. 그렇다면 중국이 이 틀에 뛰어들어서 결과적으로 국제질서의 안정이라는 공공재화를 제공해 주게 될 것인가? 이는 패권국가의 등장이 국제질서에 안정을 가져온다고 생각하는 패권안정론자들hegemonic stability theorists 이 추구해 온 틀이다.

중국은 이미 세계무역기구WTO, 국제통화기금IMF 과 같은 여러 자유주의 제도에 편입됨으로써 많은 혜택을 누리고 있다. 하지만 중국이 하는 역할은 아직 부족한 점이 너무 많다. 지난 세기 두 차례 세계대전 사이에 미국이 그랬던 것처럼 중국은 다른 나라가 버스를 운전하는 동안 무임승차를 즐기고 있다. 그렇다고 중국 외의 다른 신흥국가들이 나서서 미국 대신 글로벌 안정이라는 공공재화를 제공하게 될 가능성도 희박하다.

더 복잡해지는 국제질서
Greater complexity

정부에서 비非 정부 행동주체들로 중심축이 이동하는 힘의 분산은 금융안정, 기후변화, 테러리즘, 전염병 창궐처럼 힘의 이동에 수반되는 지구 차원의 문제들을 대거 야기시킨다. 이는 동방국가와 서방국가들 모두에 해당되는 문제들이다. 그리고 힘의 분산에 따라 각국 정부들은 이런 지구적인 문제들에 대한 대응능력이 약화되고 있다.

이런 다국적 이슈들은 어느 특정 국가 혼자의 힘으로는 성공적으로 다룰 수가 없다. 초강대국이라 할지라도 다른 나라와 협력하지 않고는 힘들다.

냉전 양극체제가 붕괴된 다음, 힘의 분산은 글로벌 정보화 시대를 맞아 3차원 복합적인 체스게임 같은 양상으로 이루어지고 있다. 체스판을 보면 제일 꼭대기의 군사력은 거의 일극체제를 갖추고 있다. 군사력 면에서는 앞으로도 상당 기간 미국이 최강의 지위를 고수할 가능성이 높다.

체스판 중간에는 여러 나라의 경제력이 2008년 금융위기 전까지 10년 넘게 다극체제를 보여주었다. 미국, 유럽, 일본, 그리고 중국이 체스판의 대마 역할을 했고, 다른 몇 나라도 인상적인 도약을 이루며 중요도가 높아지고 있다.

체스판의 제일 아래쪽은 정부의 통제 밖에서 국경을 초월해 움직이는 범국가적인 영역이다. 온라인으로 펀드를 움직이는 금융가들과 무기를 거래하는 테러단체, 사이버 보안을 위협하는 해커들을 비롯해 전염병과 기후변화와 같은 다양한 비非 국가적인 행동 주체들이 이 영역에 속해 있다.

체스판의 바닥에는 힘이 넓게 분산돼 있다. 따라서 일극체제, 다극체제, 헤게모니와 같은 말이 이곳에서는 아무 의미가 없다. 이 영역에 속해 있는 문제들은 군사적인 해결책이 먹히지 않고, 다양하게 연결된 협력망이 무엇보다도 긴요하다.

니얼 퍼거슨Niall Ferguson 은 역사적으로 보면 네트워크와 서열구조사이의 갈등이 언제나 있어 왔다고 주장한다. 20세기에는 중앙집중식의 전체주의 정부가 서열구조의 위력을 최고조로 발휘했다. 네트워크의 힘은 21세기 들어와서 그 중요성이 점점 더 증대되고 있다.[2]

네트워크와 영향력이 커진 개인들 모든 정부에게 골칫거리가 될 수 있다. 그런 가운데서도 이들은 미국보다는 중국 같은 전체주의 국가들에게 더 많은 문제를 안겨줄 수 있다. 네트워크가 서열 위주의 힘을 대신하거나, 최소한 그 보완역할을 하게 되는 세계질서에서는 개방성과 혁신을 중심으로 하는 미국 문화가 위력을 발휘하며 중추적인 역할을 하게 될 것이다.[3]

새로운 세계질서에서는 복합성Complexity 이 점점 더 커지고 있다. 랜들 슈웰러Randall Schweller 는 이제는 미국이 다른 나라에 의해 추월당할 걱정을 하기보다는 과거와는 전혀 다른 질서의 등장을 걱정해야 할 것이라고 지적한다.

그는 "엔트로피 법칙은 우주의 모든 질서가 본질적으로 보다 더 무질서한 방향으로 진행된다는 것"이라고 설명한다. 무질서가 점점 더 커지며 우주의 질서를 대신하게 된다는 말이다.

그는 미래에 등장하게 될 힘의 모델은 힘의 대충돌이나 조화가 아니라, '정보 엔트로피'가 될 것이라고 주장한다.[4] "미국 다음은 누구 차례

일까?" 하는 물음에 대한 답은 "다음에는 아무도 없다."라는 것이다. 지나치게 단순화시킨 대답일 수도 있겠지만, 중요한 흐름을 보여주는 말이다.

　이 새로운 흐름이 미국의 세기를 종식시키지는 못하더라도 최소한 미국의 세기를 변화시킬 수는 있을 것이다.

2030년 세계전망

The world in 2030

미국 대통령에게 미래예측 자료를 보고하는 국가정보위원회 National Intelligence Council 는 최근에 2030년을 미리 내다보는 미래보고서를 발간했다. 이 보고서는 앞으로도 미국이 세계 최강대국의 위치를 지킬 것이라고 전망했다.

하지만 '패권국가'hegemons 로 불릴 만한 나라는 앞으로 없을 것이라고 했다. '단일 초강대국'의 시대는 끝나고, 미국도 과거와 같은 강대국의 지위는 누리지 못할 것이라고 내다봤다.[5] 미국도 어느 정도의 쇠퇴현상은 겪게 되겠지만, 그렇다고 그것이 미국의 시대에 종말을 고하는 수준은 아니라고 했다.

앞으로 상당한 기간 동안 미국을 제치고 미래의 단일 초강대국이 될 것으로 예상될 만한 나라는 없다. 그리고 예측할 수 없는 변수들이 간혹 생기기는 하지만, 특별한 변수가 없는 한, 앞으로도 특정한 흐름은 지속될 것으로 보인다.

예를 들어, 인구 추세는 정치 분야에 비해 예측하기가 수월하다. 유럽, 러시아, 일본, 중국의 인구는 줄어들 것인데 비해, 미국의 인구는 증가할 것이다. 마찬가지로 흥미로운 것은 아프리카 대륙의 인구는 두 배 이상으로 늘어날 가능성이 높다는 것이다.

그렇다고 아프리카 대륙이 미국의 독보적인 위치에 도전하게 될 것이라는 말은 아니고, 이 지역에서 앞으로 더 복잡한 문제들이 야기될지 모른다는 우려를 갖게 한다. 인구 증가가 급격한 도시화, 교육제도와 사회 안전 시스템의 미비 같은 문제와 결합해 복잡한 문제들이 생겨날 것이기 때문이다.

경제적인 흐름도 예측이 가능하다, 물론 지금까지 보아 온 것처럼 경제 예측은 맞아떨어지지 않는 경우가 적지 않다. 예를 들어 미국 경제는 21세기가 시작되는 시점에 전 세계 GDP의 23퍼센트를 차지했다.

하지만 미국경제는 대침체기Great Recession 를 겪기 전부터도 서서히 하락국면을 보이고 있었는데, 그것은 미국경제가 눈에 띄게 부진해서라기보다는 다른 나라들이 급성장을 보이면서 상대적으로 그렇게 보인 측면이 있다.

중국을 비롯해 다른 많은 신흥 경제 강국들이 약진한 것이다. 전 세계 총생산에서 미국이 차지하는 몫은 그대로 유지되고 있다고 하는 주장과 달리, 실제로는 줄어들었다.[6] IMF 자료에 따르면 2018년에 미국은 세계경제의 17.7퍼센트를 담당할 것이라는 전망이다.[7]

미국이 차지하는 몫이 줄어든다는 게 그렇게 놀랄 일은 아니다. 2001년부터 2010년 사이에 세계경제에서 서방국들이 차지하는 비율은 10.33퍼센트 포인트 감소했는데, 이는 그 이전 40년간 줄어든 것을 모두 합한 것보다 더 많은 수치다.

줄어든 원인의 일부는 경기침체 탓이기도 하지만, 다른 나라들의 빠른 성장도 큰 요인을 차지한다. 빠르게 성장한 나라들 가운데는 미국의 긴밀한 동맹국들도 포함돼 있다. 이는 견고하게 유지해 온 미국 네트워크에 마이너스가 될 가능성이 높다.

빠르게 성장하는 신흥 경제국들이 미국의 압도적인 지위를 무너뜨릴 정도로 위협적인 도전자가 될 가능성은 없다. 하지만 '나머지들의 약진'rise of the rest 으로 더 복잡해진 세상이 우리를 기다리게 될 것이다. 1960년대에는 미국과 유럽이 합해서 세계경제의 3분의 2를 이루고, 일본이 10퍼센트를 차지했다.[8] 더구나 그 시기에 전 세계 국가 수는 크게 늘었다. 발언권을 요구하는 나라가 그만큼 더 많아졌고, 그에 따라 무역협상, 항공협정, 통신규정, 환경협정을 비롯해 다루기 힘든 복잡한 일들이 많아졌다. G20 같은 기구들이 문제해결에 도움이 될 수도 있겠지만, 그룹에 들지 않는 나라 수가 너무 많고, 20개국도 너무 많아 행동통일이 어려운 숫자다.

이런 흐름을 두고 미국의 '상대적인 쇠퇴'라고 부를 수도 있을 것이다. 하지만 그렇게 하면 도전국들의 약진이 포인트인지, 미국의 쇠퇴가 포인트인지 혼란스러울 수가 있다. 따라서 나는 '나머지들의 약진'에 초점을 맞추는 게 더 효과적일 것이라고 생각된다.

어떤 전문가들은 이러한 엔트로피 현상이 세계경제에 혼란을 불러올 것으로 전망한다. 그리고 미국도 피해를 입기는 하겠지만, 이 엔트로피를 다루는데 있어서 다른 나라들보다는 유리한 입장에 있을 것이라고 말한다.[9] 하지만 이런 주장은 엔트로피 문제를 너무 과장하고, 글로벌 문제를 다루는 데 있어서 미국이 하는 역할을 지나치게 과소평가하는 것이다.

예를 들어 2008년 경제위기상황 때 G20 정상들이 모여 보호무역주의를 완화하자고 합의했다. 그런데 당시 미국 연방준비제도US Federal Reserve 는 비공식 네크워크를 동원해 각국 중앙은행들 사이에 달러 통화스와프 협정을 이끌어냈고, 이것이 위기진화에 결정적인 역할을 했다. 당시 금융위기로 미국도 하드파워와 소프트파워 모두 타격을 입었다. 그런 상황에서 미국은 글로벌 위기를 관리하는 과정에 핵심적인 역할을 수행한 것이다.[10]

지금과 같은 세계에서 리더십의 역할은 많은 국가를 행동의 장으로 끌어들여 계속 행동하도록 만드는 것이다. 여러 기구들을 자극해서 문제의 장으로 끌어들이고, 비공식 네트워크를 연결하는 미국의 역할은 수수께끼를 풀어나가는 데 대단히 긴요하다.

앞서 보았던 것처럼 과거에는 미국 스스로 공공재화를 제공하는 자신의 역할을 과장시킨 일이 자주 있었다. 하지만 나는 골리앗의 역할을 옹호해야 할 때도 있다고 생각한다. 마이클 만델바움Michael Mandelbaum 이 미국의 역할에 대해 말한 것처럼 많은 나라들이 미국의 역할에 대해 비판하고 있지만, "정작 미국의 역할이 사라지고 나면 그것을 아쉬워할 것"이다.[11]

더 중요한 점은 미국이라는 존재가 아직 사라지지 않았다는 점이다. 국력의 구성요소 면에서 압도적인 지위가 많이 줄어들었다고 하더라도, 미국의 리더십은 세계를 무대로 집단행동을 하는 데 있어서 여전히 핵심적인 영향력을 발휘한다. 경제와 안보 두 가지 분야에서 중요한 이슈인 무역 문제와 핵무기비확산 문제를 보면 미국의 우월성이 예전 같지 않음을 알 수 있다. 1947년 GATT(관세 및 무역에 관한 일반협정)가 출범할 당시 미국은 세계 최대 교역국이었다. 그러면서도 미국은 냉전세계전략의 일환으로 유럽과 일본으로부터 상대적인 무역 역차별을 받아들였다.

경제회복에 성공한 다음 이들 나라들은 미국과 함께 GATT 안에서 뜻이 맞는 나라들끼리 모이는 소그룹을 형성했다.[12] 1990년대 들어서 다른 나라들이 세계무역에서 차지하는 몫이 커지면서 미국은 GATT를 세계무역기구WTO로 확대 재편하는 계획을 지지했고, 그렇게 해서 GATT 체제는 막을 내렸다.

이후 미국은 중국의 WTO 가입을 지지했고, 중국은 미국을 제치고 세계 최대 교역국가가 되었다. WTO 체제에서는 국제적인 협상 라운드가 점점 더 결실을 맺기 힘들게 되고, 다양한 종류의 자유무역협정이 체결되었다.

무역협상 라운드는 어려운 과정을 거치며 힘들게 진행됐고, 다양한 무역협정들이 탄생됐다. 이 과정에서 WTO는 일반적인 틀을 제공하는 역할을 계속했다. 최혜국 지위와 상호호혜원칙이 큰 협상 틀을 제공하고, 그 틀 안에서 특정한 클럽들끼리 협상을 타결해 나갔다. 점점 더 많은 나라들이 이 틀에 따라 움직이며 이 방식은 일반 룰처럼 자리를 잡을 수 있게 되었다.

더 나아가 중국 같은 새로운 회원국들이 들어와서 자신들에게 불리하게 보이는 판정이 내려지더라도 WTO의 그러한 분쟁조정과정을 준수하는 게 자국에 이익이 된다는 사실을 깨닫게 되었다.

핵비확산체제도 비슷한 진행과정을 보여준다. 미국은 핵무기를 독점하고 있던 1940년대에 유엔에 핵통제를 맡기자는 바루흐 플랜Baruch plan 을 제안했다. 하지만 독자 핵무기 개발을 추진하던 소련은 이 제안을 거부했다. 1950년대 들어서 미국은 원자력의 평화적 이용Atoms for Peace program 을 제창하면서 핵물질을 국제적으로 관리하고 감시할 국제원자력기구IAEA 의 설립을 제안했다.

원자력의 평화적 이용과 핵무기 확산을 분리해서 다루자는 계획이었다. 1960년대에는 5대 핵무기 보유국이 핵확산금지조약 협상에 나섰다. 핵무기 비非보유국이라는 법적인 지위를 받아들이는 나라들에게는 평화적 지원을 약속한다는 내용을 담고 있었다.

1970년대 들어서는 인도가 핵실험을 하고, 우라늄 농축 기술과 핵분열물질의 재처리 기술이 확산되었다. 그러자 미국은 뜻을 같이 하는 나라들과 함께 원자력공급그룹Nuclear Suppliers Group 을 만들고, 민감한 기술의 수출을 금지하기로 합의했다. 이와 함께 국제핵연료사이클평가회의International National Nuclear Fuel Cycle Evaluation 를 열어서, 플루토늄 핵연료 사용을 핵확산방지라는 관점에서 국제적으로 평가하기로 했다.

하지만 이런 제도적인 장치들은 모두 완전한 효과를 거두지 못했고, 결과적으로 오늘날 북한과 이란이라는 문제를 남겨두게 되었다. 미국의 주도로 이루어진 이러한 제도적인 장치 덕분에 핵무기 보유국 수는 확산속도가 느려져서 1960년대에는 25개국까지 늘어날 것으로 예상했던 것이 현재 9개국이 되어 있다.[13]

2003년에 미국은 대량살상무기확산방지구상Proliferation Security Initiative 을 통해 핵확산 관련 물질을 실은 항공기나 선박을 압수, 수색할 수 있도록 허용할 것을 제안했다. 각국이 느슨한 협력틀을 통해 정보교환과 공조체제를 강화하자는 것이다.

최근 들어서는 인터넷을 비롯한 사이버상의 활동에 대한 적절한 거버넌스governance 를 어떻게 정립해 나갈 것이냐를 두고 비슷한 질문들이 제기되고 있다. 초기에 인터넷 사용자는 대부분 미국 내에 국한돼 있었지만, 지금은 중국 내 사용자가 미국의 두 배나 된다. 초기에 인터넷 사용문자가 로마자 알파벳뿐이던 것이 지금은 중국어, 아랍어, 키릴문자 등이 인터넷 상위 도메인에 이름을 올리고 있고, 인터넷 문자 종류는 계속해서 더 늘어날 것이다.

2014년에 미국은 국제인터넷주소관리기구ICANN 의 업무에 대해 미국 상무부가 행사해 온 관리감독 권한을 이양키로 했다. 일부에서는 미국의 이러한 결정이 권위주의 정부들에게 자국내 반대 세력의 사이버 활동을 통제하고 검열하는 길을 열어주는 계기가 되지 않을까 우려한다.

하지만 이러한 우려는 기술적인 면이나 명분 면에서 다소 과장된 측면이 있다. 인터넷 정보를 검열하는 것은 기술적으로 어려울 뿐만 아니라, 대부분의 국가들은 각국이 특화된 개별 인터넷 시스템을 만드는 식의 인터넷 파편화fragmentation 를 시도하지 않는 것이 국익에 도움이 된다고 생각한다.

그리고 사이버 문제에서 미국의 힘이 쇠퇴하고 있다는 주장도 과장된 것이다. 미국은 여전히 세계 2위의 인터넷 사용국이고, 세계 상위 글로벌 정보회사 10개 가운데 8개가 미국에 본사를 두고 있다.[14] 더구나 국제인터넷표준화기구Internet Engineering Task Force 와 같이 전문가들이 자발적으로 참여해 운영하는 주요 비非 정부 단체의 구성을 보면 미국인 전문가의 수가 압도적으로 많다.

인터넷 통제기구인 ICANN에 대한 미국 정부의 감독권이 줄어든 것을 미국의 위상 하락으로 보는 것은 적절치 않다. 미국 정부가 이 기구의 독자적인 힘을 키워 주고, 다양한 이해당사자들의 참여와 협의를 중시하는 멀티스테이크홀더multistakeholder 철학을 강화하겠다는 전략의 일환으로 보는 게 타당하다.15

지금은 사이버 안정화가 어느 정도 유지되고 있다. 하지만 만약에 앞으로 사이버 불안정 사태가 발생한다면 이는 미국과 미국의 입장에 반대하는 나라들 모두에게 심각한 위험이 되기 때문에 양자 사이에 합의가 이루어질 바탕이 마련될 수 있다.16

다시 말해, 패권의 약화를 근거로 미국의 쇠퇴를 전망하는 이론으로는 여러 국제단체와 네트워크를 통해 발휘되고 있는 미국의 리더십을 제대로 이해하지 못할 수 있다. 국력을 구성하는 여러 요소들이 약화되고 있음에도 불구하고 미국의 리더십은 국제적인 공공재화를 만들어내는 데 있어서 계속 핵심적인 역할을 담당하고 있다.

정보 혁명과 권력분산
The information revolution and power diffusion

세계가 점점 더 복잡해지는 이유가 국가의 수가 늘어나고 부富가 축적되기 때문만은 아니다. 글로벌 정보화 시대를 맞아 모든 나라들이 겪는 어려움은 점점 더 많은 일들이 국가의 통제권 밖에서 이루어진다는 점이다. 아무리 강력한 통제력을 가진 정부라도 마찬가지다.

이는 내가 말하는 '힘의 분산'diffusion of power 현상이다. 모이세스 나임Moises Naim 은 이를 '마이크로 파워들의 약진'rise of micro powers 이라고 부른다. 이들 마이크로 파워들이 나서서 "막스 베버가 말한 거대한 관료주의 집단으로부터 힘을 효과적으로 발휘하는 능력을 분리시켜

냄으로써 세계를 변화시키고 있다."는 것이다. **17**

정보에 기반을 둔 세계에서는 힘의 이동보다 힘의 분산이 더 다루기 어려운 문제이다. 전통적인 관점에서는 막강한 군사력을 가진 나라가 지배권을 행사한다고 믿는다. 하지만 정보화 시대에는 최고의 스토리를 가진 국가(혹은 비정부 집단)가 이긴다. 소프트파워가 더 중요한 힘의 구성요소가 된 것이다.

정부는 정보의 흐름과 이를 어떻게 통제할 것인가를 놓고 항상 고민을 한다. 정보기술의 변화에 의해 시작된 극적인 변화가 사회에 큰 영향을 미친 것이 처음은 아니다. 구텐베르크가 인쇄기를 발명한 것은 프로테스탄트 개혁의 시발점이 되었고, 이후 유럽 전역을 대혼란으로 몰아넣은 변화를 불러왔다.

하지만 지금은 그때보다 비교할 수 없을 정도로 많은 사람들이 국가 안팎에서 정보의 힘을 손에 넣고 영향력을 행사하게 되었다. 예를 들어, 중동 국가들이 대혼란에 휩싸이게 된 것도 놀랄 일이 아니다.

유엔이 발간한 아랍인간개발보고서Arab Human Development Report 는 문맹률이 높고, 과학, 에너지거래, 정보 소통 면에서 낙후된 이 지역은 정보혁명으로 인한 대혼란을 겪을 여건이 성숙되어 있다고 분석했다. 아울러 그에 따른 종교적, 정치적 불안상태가 한 세대 동안 지속될 가능성이 높다고 전망했다.

많은 분석가들이 지금 중동이 처한 상황을 30년 전쟁을 치른 17세기의 독일과 비교한다. 지금의 정보혁명은 급격한 기술발달에 바탕을 두고 있다. 기술의 발달은 정보를 만들고, 찾고, 전달하는 데 드는 비용을 크게 줄여놓았다. '무어의 법칙'Moore's Law에 따라서 컴퓨터의 반도체집적회로 성능은 30년 동안 매18개월마다 두 배로 증가했다.

21세기 초가 되자 반도체 제조비용은 1970년대 초와 비교해 1000분의 1밖에 되지 않았다. 만약에 자동차 제조비용이 반도체 제조비용과 같은 속도로 떨어졌다면 자동차 한 대당 가격은 15~20달러가 되었을 것이다. 이 정보혁명의 핵심내용은 커뮤니케이션의 '속도'뿐만이 아니라, 정보전달 비용의 엄청난 가격하락이다.

이러한 가격하락은 인터넷 이용에 대한 진입장벽을 낮추어 주었다.

20세기 중반에 사람들은 컴퓨터와 정보혁명이 가져오는 커뮤니케이션의 발달이 조지 오웰George Orwell의《1984년》을 현실로 바꾸어놓을 것이라고 걱정했다. 피라미드처럼 이루어진 통제 시스템의 맨 꼭대기에 중앙계획 시스템과 감시권력이 배치돼 사용자들을 통제할 것이라는 우려였다.

컴퓨터 이용과 데이터 처리에 드는 비용이 하락하면서 정부의 감시기능이 한결 용이해진 것은 사실이다. 중국, 사우디아라비아를 비롯한 몇몇 나라들이 이러한 발달된 컴퓨터 기술을 이용해 국민들을 통제하려고 시도하고 있다. 하지만 값싼 컴퓨팅과 빅데이터는 민간 기업들로 하여금 고객들의 권익을 지켜주기 위해 앞장서도록 만들고 있다. 더 나아가 조직범죄 집단도 이 정보소통과정에 파고들어 불안정을 조성할 수 있다.

컴퓨팅 파워 비용은 줄고, 한때 방 하나를 가득 메웠던 컴퓨터 한 대의 크기가 스마트폰 사이즈로 줄어들면서 호주머니에 넣고 다닐 수 있는 휴대용 기기가 되었다. 그러면서 컴퓨터가 가져온 힘의 분산효과는 중앙집중 효과보다 더 위력적이 되었다. 정보혁명의 위력은 몇 십 년 전과 비교할 때 훨씬 더 넓게 분산되었다. 세계 전역에서 벌어지고 있는 플래시몹과 각종 시위는 인터넷 접근을 차단하고, 휴대전화 텍스트 메시징과 텔레비전을 통한 정보유포를 막으려는 정부의 노력을 무력화시키려고 하고 있다.

이는 세계정치가 앞으로 정부만의 단독 영역이 되지 않을 것임을 의미한다. 위키리크스WikiLeaks 에서부터 각종 기업과 NGO 단체들, 테러단체, 자발적인 사회운동 단체들에 이르기까지 여러 개인과 민간기구들이 모두 세계정치에 직접적인 역할을 담당할 수 있는 힘을 갖게 되는 것이다.

정보의 유포로 말미암아 힘은 보다 넓게 분산되고, 비공식 네트워크가 전통적인 관료집단의 권력독점을 훼손하게 될 것이다. 인터넷의 정보유통에 걸리는 시간이 단축된다는 것은 모든 정부가 정책수행과정에서 통제력이 약화된다는 것을 의미한다. 정치 지도자들은 이제 일어나는 사태에 즉각적으로 대응해야 한다. 대응하기 이전에 임의로 누릴 수 있는 자유의 여지가 줄어든 것이다. 그리고 이제는 다른 나라 정부와의 소통뿐 아니라 시민단체와의 소통에도 나서야 한다.

이런 맥락에서 아랍세계를 뒤흔든 혁명을 '아랍의 봄'이라고 이름 붙인 것은 잘못이다. 오바마 행정부는 이 사태에 어떻게 대응해야 할지를 놓고 적지 않은 어려움을 겪어야 했다.

정보혁명으로 시장 진입장벽이 낮아지고, 비용이 줄어들면서 큰 국가들의 힘은 약화되고 작은 국가와 비非 정부 행동주체들의 힘은 강화됐다.

하지만 이집트를 비롯한 아랍 국가들에 불어 닥친 혁명으로부터 얻는 교훈을 '확대해석'하는 것은 곤란하다. 정치와 권력의 세계는 기술의 발달로 인한 기술결정론technological determinism 적인 차원에서 이해하기보다는 훨씬 더 복잡하게 전개되기 때문이다.

2009년 트위터 커뮤니케이션으로 시작된 혁명에 일격을 당한 이란 정부는 이후 2010년의 그린혁명green movement 은 효과적으로 진압해

버렸다. 중국의 인터넷 검열시스템인 '만리방화벽'great firewall of China
은 미비한 점이 많기는 하지만, 그래도 중국정부는 지금까지 6억 명에
달하는 자국 인터넷 사용자들의 정보유통에 효과적으로 잘 대응하고
있다. 중국에서는 아직은 소셜미디어가 정보습득에 미미한 영향을 미
치고 있다.

정보혁명은 어떤 면에서는 작은 대상에 힘을 실어주고, 어떤 면에서
는 이미 크고 강력한 대상에 힘을 실어준다. 규모는 여전히 중요한 고
려 대상이다. 해커 한 명이나 정부 한 곳이나 똑같이 정보를 생산하고
인터넷을 활용할 수 있지만, 큰 정부들은 여러 목적에 따라 수 만 명의
훈련된 인력을 배치하고, 막강한 컴퓨팅 파워를 투입해 코드를 해독해
내거나 다른 조직에 침투해 들어갈 수 있다.

기존의 정보를 유통시키는 데 드는 비용은 크게 줄어든 게 사실이
다. 하지만 새로 정보를 수집하고 생산하는 데는 대규모 투자가 필요
한 경우가 많다. 그리고 치열한 경쟁이 벌어지는 상황에서는 새로운
정보가 대단히 중요한 역할을 한다. 이란 핵 원심분리기들을 못 쓰게
만든 아주 정교하게 만들어진 스턱스넷 웜Stuxnet worm 바이러스는 정
부 차원에서 제작해 유포시킨 것으로 알려졌다.

한편으로는, 정보유통 역량이 커지고 유포범위가 확대될수록 취약

성도 함께 커지는 측면이 있다. 이번 세기 들어 본격화된 정보혁명은 이런 의미에서 힘의 분산을 가속화시키고 있다. 국가는 여전히 대규모 자원을 확보하고 있지만 국가가 활동하는 무대는 정보로 무장한 여러 민간 활동 주체들로 붐비고 있다. 다국적 기업과 테러단체, 각종 몹, 범죄조직, 개인 등이 바로 이 민간 활동 주체들이다. 정보혁명이 국가의 힘에 얼마나 큰 영향을 미치는지에 대해서 우리는 이제 겨우 인식하기 시작한 단계이다.

분명한 것은 국제무대가 더 복잡하게 움직이게 됨에 따라 정부의 통제는 한층 더 힘들게 되었다는 사실이다. 지금의 세계정치를 '엔트로피의 시대'라고 하거나 '힘의 종말'이라는 식으로 부르는 것은 상황을 지나치게 단순화시킨 것이다.

하지만 이제는 무대에서 움직이는 활동 주체들 모두에게 있어서 상황을 통제하기가 매우 어렵게 되었다. 모이세스 나임Moises Naim 이 주장하듯이 정부의 힘이 약해지는 틈을 타 '무조건 상황을 단순화시켜서 제시하는 사람들'simplifiers 의 주장이 활개를 친다. 좌우파의 포퓰리스트적인 선동꾼들이 전면에 나서서 진정한 해결책은 제시하지 않고 사회를 더 마비상태로 끌고 가는 것이다.[18]

그리고 데이비드 브룩스David Brooks 가 말한 것처럼 "정치지도자들이 역사의 전면에 서는 것이 아니라, 군중이라는 떼거리가 진짜 힘을 쥐게 된다."**19** 이는 미국의 세기에 종말을 고하는 것이 아니라, 정부가 힘을 발휘하기가 더 힘들게 되는 시대가 오고 있음을 의미한다. 미국의 세기에 종말이 올 것인지 아닌지 여부보다 훨씬 더 복잡한 의미를 내포하고 있다는 말이다.

국가와 비非 정부 기구를 비롯해 다양한 행동 주체들이 많아졌을 뿐만 아니라, 거기에 덧붙여서 국제정치가 당면한 각종 어젠다는 점점 더 복잡해지고 있다. 안보와 경제 같은 전통적인 이슈들은 여전히 중요한 문제로 자리잡고 있고, 거기에다 여러 범국가적인 문제들이 일어나고 있으며, 이런 문제들은 대부분이 전통적인 하드파워 수단을 가지고는 해결하기가 쉽지 않다. 예를 들어, 기후변화와 전염병 창궐에 대응하고, 인터넷 거버넌스를 구하는 데 군사력은 별 도움이 되지 않는다.

정보혁명과 지구화의 영향으로 인해, 이제 미국도 혼자의 힘으로는 국제무대에서 자신의 목표를 달성할 수 없는 방향으로 세계정치가 변화하고 있다. 예를 들어, 국제금융안정은 미국의 번영을 위해 대단히 중요한 요인이다.

그런데 이 안정을 이루기 위해서 미국은 다른 나라들과 협력해야만한다. 전 지구적인 기후변화는 미국인은 물론, 세계 모든 사람들의 삶의 질에 영향을 미치지만, 미국 혼자서는 이 문제를 다룰 수 없다.

우리는 마약에서부터 전염병, 테러리즘에 이르기까지 점점 더 국경에 구멍이 많이 뚫리는 세계에 살게 되었다. 따라서 이제 각국은 소프트파워를 이용해 네트워크를 만들고, 공동의 위협을 해소시키고 도발자들에 대처할 시스템을 구축해 나가야 한다.

미국은 앞으로 국제 시스템에서 최대 국가로 남을 것이다. 새로운 세계에서도 전 지구적인 집단 공공재화를 만들고 제공하는 일에 리더십을 발휘할 이 최대 국가의 위상은 여전히 강력하게 남을 것이다.

군사와 경제 문제를 비롯한 일부 영역에서는 미국의 리더십이 해답의 상당 부분을 제시해 줄 수 있을 것이다. 예를 들어, 미국 해군은 해양에서 법을 집행하는 데 핵심적인 역할을 한다. 그리고 2008~9 금융위기 때는, 연방준비은행Federal Reserve 이 위기에서 최종 대부자lender of last resort 역할을 하며 믿음을 보여주었다.

하지만 새로운 범국가적인 이슈들에 있어서는 앞에서 살펴보았듯이 미국의 리더십이 여전히 중요하겠지만, 미국의 노력이 성공하기 위해서는 다른 나라들의 협력이 필요하다. 이런 의미에서 힘은 모두에게 이익이 되는 포지티브 섬 게임positive sum game 이 된다.

미국의 세기가 계속되기 위해서는 다른 나라들 위에 군림하는 미국의 힘을 가지고서는 부족하다. 이제는 다른 나라들과 함께하는 힘을 가지고, 공동의 목표를 달성하기 위해 노력하는 힘이 되어야 한다. 많은 범국가적인 문제들의 경우에 있어서, 다른 나라들에 힘을 실어주는 것이 미국의 목표를 달성하는 데도 도움이 된다.

지금 같은 세상에서는 네트워크와 유대관계가 힘의 중요한 원천이 된다. 힘의 균형을 이루는 데 있어서 미국이 중심역할을 계속하고, 세계적인 공공재화를 생산하는 일에 있어서 미국이 리더십을 발휘한다는 의미에서 미국의 세기는 계속될 것이다.

하지만 앞으로 미국의 세기는 지난 세기 후반에 보여주었던 미국의 세기와는 다른 모습을 하게 될 것이다.

제 **7** 장

미국의 세기는
끝나지 않았다
Conclusions

앞으로 다가올 수십 년 동안 미국이 어느 정도의 힘을 발휘할 것인
지를 가늠해 보기 위해서는 그동안의 예측 노력들이 얼마나 자주 과녁
을 빗나갔는지 되새겨 볼 필요가 있다. 미국이 1970년대에 소련의 힘
을 얼마나 과대평가했는지, 그리고 1980년대에는 일본의 국력을 얼마
나 과대평가했는지 반성해 봐야 한다.

그런데 지금은 여러 전문가들이 중국이 조만간 미국을 제치고 세계
의 지도국 지위를 차지하게 될 것이라고 확신하고 있다. 그런가 하면
어떤 전문가들은 이와 반대로 "미국의 국력상승은 이제 초기 단계에
진입한 것일 뿐이고, 앞으로 21세기는 미국의 세기가 될 것"이라고 확

신한다.[1]

하지만 예상치 못한 일들이 일어나서 이런 예상들을 일거에 무력화 시켜 버릴 수가 있다. 미래는 얼마든지 달라질 수 있으며, 우연하게 벌어지는 사건들, 계산착오, 인간이 선택하는 엉뚱한 결정 등 다양한 변수들이 있을 수 있다.

절대평가와 힘의 균형

Net assessment and the balance of power

미국과 중국의 상대적인 국력비교는 앞으로 두 나라에서 일어
날 수 있는 정치적 불확실성에 따라 달라질 것이다. 만약에
중국이 부정적인 영향을 초래할 불확실성에 직면하지 않고, 지금과
같은 규모와 속도로 경제성장을 계속한다면 중국의 국력은 크게 신장
될 것이 분명하다.

앞으로 수십 년 동안 중국의 국력은 국력을 가늠하는 여러 측면에서
미국에 필적하는 수준이 될 것이다. 하지만 이렇게 상대적인 약진을
할 것이라고 해서 중국이 미국을 제치고 지구상에서 가장 강대한 국가
가 된다는 의미는 아니다.

앞서 살펴보았듯이, 중국은 다행히 국내 정치적인 면에서 큰 폭의 후퇴를 겪지 않는다고 하더라도, 지금과 같은 GDP에 기반을 둔 성장 일변도의 발전은 앞으로 그 속도가 둔화될 가능성이 높다. 더구나 경제발전을 기준으로 한 단선적인 국력비교는 미국의 군사력 우위와 소프트파워 면에서의 우위를 배제한 것이어서 큰 의미가 없다.

더구나 미국이 유럽, 일본, 인도를 비롯한 우방국들과 우호적인 관계를 계속 유지할 가능성이 높은 데 비해, 중국은 아시아권에서 힘의 균형 면에서 지정학적으로 불리한 위치에 놓여 있다. 만약 미국이 동서 양쪽으로 대양에 면해 있지 않고, 또한 우호적인 두 나라와 이웃하고 있지 않고, 중국의 경우처럼 (일본과 인도와 같이) 자신들에게 의심의 눈초리를 거두지 않는 강대국을 포함해 비우호적인 많은 나라들과 국경을 맞대고 있다면 어떻게 되겠는가.

중국을 비롯해 유럽, 러시아, 인도, 브라질 등 미래의 여러 잠재적인 경쟁국가들 중에서 앞으로 미국을 능가하고, 나아가 미국 중심의 세계질서를 종식시킬 수 있는 나라가 등장하는 것이 불가능하지는 않을 것이다. 하지만 가능성은 별로 높지 않은 시나리오이다.

나아가 영국의 전략가 로렌스 프리드만이 지적한 것처럼 "지금 미국이 보여주는 힘은 과거의 패권국들과 달리 식민지배에 바탕을 두고 있는 것이 아니라 동맹의 힘에 근거하고 있다." [2] 동맹과 비공식적인 네트워크가 바로 미국의 자산인 것이다. 식민지배는 부채일 뿐이다.

상대적인 면에서가 아니라 절대적인 면에서 미국의 쇠퇴가 올 것이냐는 질문과 관련해 우리는 미국이 부채, 중등교육, 소득 불균형, 정치적인 난국 등 여러 부문에서 이미 심각한 문제들에 직면하고 있다는 사실을 알고 있다. 하지만 이런 문제들은 큰 그림의 일부에 지나지 않는다는 점을 간과해선 안 된다.

인구, 기술, 에너지를 비롯해 지리적인 면과 자유로운 기업문화 등은 지속적으로 낙관적인 측면을 보여주고 있다. 지금 미국이 당면하고 있는 어려움들은 현실적인 문제들이다. 그래서 이 문제들을 제대로 해결하지 못한다면, 점점 복잡해지고 있는 전 지구적인 문제들에 제대로 대처할 능력이 약화될 것이다.

하지만 도저히 해소할 방법이 없는 상황과 원칙적으로 해결 가능한 상황들은 서로 분리해서 대응할 필요가 있다. 미국의 쇠퇴를 불러올 시나리오를 상정한다면, 그런 부정적인 시나리오 가운데는 미국이 테러의 공격에 지나치게 겁을 먹고 과잉반응을 하는 경우가 포함된다. 그렇게 해서 내부로 문을 걸어 잠그고, 문을 열어둠으로써 얻을 수 있는 힘을 외면하게 되는 것이다.

그와 반대의 경우도 위험하기는 마찬가지다. 베트남과 이라크에서 그랬던 것처럼 외부의 일에 지나치게 개입해 과잉행동을 함으로써 아까운 피와 재산을 낭비하게 되는 것이다.

 종합적으로 결론을 내리자면, 21세기를 미국의 쇠퇴기로 규정하는 것은 부정확하고 사실을 호도하는 평가가 될 가능성이 높다. '쇠퇴'decline 라는 단어는 혼동을 불러올 수 있다. 예를 들어 1945년부터 1970년 사이에 미국은 의도적으로 상대적인 쇠퇴를 추구하는 정책을 폈다. 리처드 닉슨과 헨리 키신저는 당시 미국의 쇠퇴를 장기적인 흐름으로 받아들였다. 하지만 20세기가 끝날 시점에 미국은 세계 유일의 초강대국 자리를 지키고 있었다.

 더 중요한 사실은 '쇠퇴'를 이야기하다 보면 이것이 자칫 위험한 정책 결정으로 이어질 수 있다는 사실이다. 미국의 쇠퇴라는 말이 러시아가 모험적인 정책을 채택하도록 자극하고, 중국이 이웃 나라들에 더 고압적인 자세를 취하도록 부추기게 되는 것이 바로 그런 경우에 해당된다. 그렇게 되면 미국은 미국대로 두려움 때문에 과잉행동에 나서게 될 수가 있다. 다시 말하지만 미국은 많은 문제를 안고 있지만 절대적인 쇠퇴기에 접어든 것은 아니다. 상대적인 면에서도 앞으로 수십 년 동안은 지구상의 어떤 단일 국가보다도 더 강대한 나라로 남아 있을 가능성이 높다.

미국이 걱정해야 할 진짜 문제는 중국을 비롯한 여타 다른 경쟁국가들로부터 추월당할지 모른다는 점이 아니라, 여러 나라에서 다양한 국력의 원천들이 부상하게 되는 현실이다. 국가적인 차원에서와 비 국가적인 차원에서의 힘의 원천을 모두 일컫는 말이다.

그 결과로 힘의 분산이 초래되면 미국은 이러한 힘의 원천들을 통제할 능력이 상대적으로 약화될 것이다. 앞으로는 엔트로피Entropy 가 중국보다 더 큰 위험요인이 될 수 있다는 말이다. 나아가 앞으로 다가올 세계에서는 점점 더 많은 다국적 차원의 문제들에 직면하게 될 것이다. 이런 문제들을 해결하기 위해서는 다른 나라들을 통제하는 국력이 아니라, 따른 나라들과 함께 협력하는 국력이 필요할 것이다.

세계는 점점 더 복잡해지고 있기 때문에 만약에 미국이 장기적으로 이러한 힘의 전환power conversion 에 효과적으로 적응하지 못한다면 심각한 어려움에 빠질 수밖에 없다.

다시 강조하지만 중국보다도 엔트로피가 더 위력적인 도전세력이 될 것이다.

전략적인 선택
Strategy choices

미 국이 군사력, 경제력, 그리고 소프트파워 면에서 다른 어떤 나라보다 더 큰 힘을 계속 유지한다고 하더라도, 그런 힘의 구성요소들을 세계무대에서 효과적인 행동으로 전환시켜 행사할 것이라고 단언할 수는 없다. 일찍이 보았듯이 두 번의 세계대전 사이에 미국은 자신의 힘을 그런 식으로 효과적으로 전환시켜 행사하지 않았다. 앞으로도 미국이 그런 선택을 되풀이할 것이라고 보는 사람들도 있다.

십여 년에 걸친 이라크와 아프가니스탄에서의 전쟁이 마무리된 뒤, 2013년에 실시된 한 여론조사는 미국민의 52%가 "미국은 앞으로 국제무대에서 자국의 일에만 신경 쓰고, 다른 나라의 일은 각 나라들 스스로 최선의 선택을 하도록 맡겨야 한다."고 응답했다. 퓨 리서치가 1964년에 여론조사 업무를 시작한 이래 처음으로 응답자의 절반 이상이 이 문항에 그렇게 생각한다고 답했다.

그동안은 이렇게 대답한 응답자가 20퍼센트에서 40퍼센트 사이를 차지했다. 이 문항에 대해 그렇게 생각하지 않는다고 답한 사람은 38퍼센트에 불과했다. 이를 두고 미국의 외교정책이 고립주의로 되돌아갔다고 성급하게 선언한 전문가들도 있다. 하지만 이는 철저한 분석에 근거한 결론이라고 하기보다는 정치적인 수사로 보는 쪽이 더 가까울 것이다.

앞서 살펴보았듯이, 19세기 미국의 고립주의는 이웃 나라의 국내문제에 개입하지 않는다는 것이 아니라, 멀리 떨어진 유럽에서 일어나는 문제에 개입하지 않겠다는 말이었다. 당시는 세계적으로 힘의 균형이 유럽에 집중돼 있었다. 1930년대에 미국이 채택한 고립주의는 유럽의 일에 또 다시 개입하지 못하도록 입안된 여러 다양한 법률에 명시되어 있었다.

현재 미국 내의 고립주의 분위기는 장기적으로 외교정책에 있어서 스티븐 세스타노비치Stephen Sestanovich 가 말한 '극대화'maximalist 정책과 '축소화'retrenchment 정책 사이를 오가는 왕복 시계추 운동 같다고 보는 것이 보다 정확할 것이다.[3] 축소화 정책은 고립주의가 아니라, 전략적인 목표와 수단을 조정하는 것을 의미한다.

미국의 세기가 시작된 이래 축소화 정책을 채택한 대통령은 아이젠하워를 비롯해 리처드 닉슨, 제럴드 포드, 지미 카터, 첫 번째 부시, 버락 오바마 대통령 등이다. 하지만 닉슨은 미국이 쇠퇴할 것이라고 믿었던 반면, 아이젠하워를 비롯한 다른 대통령들은 그렇게 생각하지 않았다.

이들 대통령은 모두 1930년대의 철저한 고립주의자들과 비교하면 대단한 국제주의자들이었다. 하지만 그렇다고 이들이 비난으로부터 자유로워지는 것은 아니다.

예를 들어 1930년대 말부터 1960대말 사이에 인기 있는 칼럼니스트였던 조지프 앨소프Joseph Alsop 와 스튜어트 앨소프Stewart Alsop 는 미국의 지도자들이 유약하고 우유부단하면 적에게 공격의 빌미를 주게 된다고 경고했다. '앨소프 의심'의 펜 끝은 특히 아이젠하워를 향해 날카롭게 휘둘러졌다. 하지만 아이젠하워 시절의 정책 실책으로 미사일 전력이 소련보다 뒤지게 됐다고 하는 '미사일 갭'missile gap 논란은 근거 없는 트집이었음이 드러났다.[4]

마찬가지로 오늘날 "오바마 행정부가 의도적으로 미국의 쇠퇴정책을 추구하고 있다."고 하는 비난이나 "축소화 정책은 국력약화로 비치게 한다. 왜냐하면 실제로 미국이 허약함을 보여주는 정책이기 때문"이라고 하는 비판은 정파적인 냄새를 풍긴다.

실제로 2041년이 되기 전에 미국의 세기가 끝날 것이냐를 놓고 벌이는 진지한 논의와는 거리가 있는 비판이다. 5

역사학자들은 극대화 정책의 과잉행동 시기가 축소화 정책 시기보다 미국의 국력 전환능력에 더 큰 손상을 끼쳤음을 보여주는 믿을 만한 사례를 찾아낼 수 있을 것이다. 윌슨이 주창한 세계이상주의에 대한 정치적 반발이 강력한 고립주의를 초래했다. 그 결과로 미국은 히틀러의 부상에 대해 신속히 대응할 수 없었다.

케네디와 존슨 행정부는 베트남전쟁을 격화시켰고, 그 결과로 미국에서는 1970년대 들어 십 년 동안 국내지향적인 정책 분위기가 만들어졌다. 그리고 부시 행정부의 이라크 침공은 앞서 소개한 퓨 리서치의 여론조사와 같은 결과를 낳았다.

파리드 자키리아Fareed Zakaria 가 지적한 것처럼, 신新 보수주의자들은neo-conservatives 루스벨트–트루먼 식의 '전면적인 전진 개입' pervasive forward involvement 전략을 밀어붙였고, 그들이 내세우는 역사적 선민의식은 소련, 중국, 한국에서 정책적인 실패를 겪고 말았다. 전진 개입 정책은 공산화를 막는다는 목표로 실행에 옮겨졌으나, 이들

지역에서 결국 공산화를 막지 못한 것이다.[6]

하지만 미국 외교정책의 방향을 놓고 이렇게 정치적인 논란이 끊이지 않는 배경에는 축소화 정책을 펴는 동안에도 여러 복잡한 정책적인 논의와 전략적인 선택과 마주해야 하는 미국의 현실이 자리하고 있다. 예를 들면 '미국은 방위비와 외교정책에 얼마나 많은 예산을 써야 하나?'와 같은 문제들이다.

미국이 그동안 제국주의적인 과잉 확장정책을 추구해 왔다고 믿는 사람들은 이제는 외교와 국방정책을 축소해야 한다고 주장한다. 하지만 그게 핵심은 아니다. 미국의 세기가 확고하게 자리하고 있고, 냉전이 절정에 달했던 시기와 비교할 때 GDP에서 차지하는 미국의 외교 국방비 예산 비율은 절반에도 못 미친다.

진짜 문제가 무엇인지는 거시경제적인 측면에서의 예산축소가 아니라 예산항목을 세밀하게 들여다볼 때 알 수 있다. 문제는 '총이냐 버터냐?'가 아니라, '총 대^對 버터 대^對 세금'의 문제이다. 납세자가 동의해 세금을 올려서 예산 확대가 이루어지지 않는 한, 군사비와 외교 예산 증액은 국내 예산인 교육개혁, 인프라 개선, 연구개발비 증액 등과 맞물려 제로섬 게임에 발목이 잡혀 옴쭉달싹 할 수 없게 된다. 자칫하면 군사비와 국내개혁 예산 모두 피해를 입게 되는 것이다.

또 하나의 심각한 문제는 개입정책을 둘러싼 논란이다. 미국은 어떻게, 어떤 방식으로 다른 나라의 국내문제에 개입할 것인가? 오바마 대통령은 미국은 자국의 안보나 동맹국의 안보가 위협당하는 경우, 필요하다면 일방적으로라도 군사력을 사용해야 한다고 했다. 그 외에도 어떤 독재자가 자기 국민 다수를 살육하는 상황에서는 양심에 따라 미국이 행동에 나서야 한다고 주장한다.

그리고 그런 경우에는 미국 단독으로 행동에 나서지 않고, 또한 승리할 전망이 상당히 높은 경우에 한해 행동에 나설 것이라고 했다. 합리적인 원칙이다. 하지만 그렇다면 인도주의적인 명분과 현실적인 상황을 맞바꾸어야 하는 분기점은 과연 어디인가? 이는 새로운 문제가 아니다.

존 퀸시 애덤스는 거의 2세기 전에 다른 나라의 독립전쟁에 개입하라는 국내의 요구를 놓고 고심했다. 이런 고민을 가지고 그는 다음과 같은 유명한 연설을 했다. "미국은 파괴할 괴물을 찾아 해외로 나가지 않을 것이다. 국익과 음모, 개인적인 탐욕, 질투, 야욕이 빚는 모든 전쟁에 발을 담구었다가 빠져나오지 못하고 허우적거리는 일은 없어야 한다." 자유와 인권을 수호한다는 명분과 현실 사이에서의 고민을 피력한 것이다.

하지만 시리아 내전 같은 경우에 미국이 개입을 자제함으로써 테러

집단이 도피처를 만들 수 있게 된다면 어떻게 할 것인가? 20년 전에 탈레반이 아프가니스탄에서 그랬고, 지금 이슬람국가 IS가 이라크와 레반트에서 그렇게 하려고 하고 있다.

특정한 형태의 개입이 필요할지도 모른다. 하지만 미국은 앞으로 침략과 점령을 전제로 하는 식의 개입에서는 손을 떼도록 해야 한다. 우리는 지금 민족주의가 팽배하고, 국민들의 사회적 문제의식이 높은 시대에 살고 있기 때문에, 어떤 나라 국민이든 외국 군대가 와서 자기 나라를 점령하는 것에 대해 적대감을 가질 가능성이 높다.

아이젠하워는 1950년대에 이런 현명한 결론에 도달했다. 하지만 그 뒤 또 어떻게 되었던가? 경우에 따라 제한적인 규모로 무력을 사용하는 것이 해답이 될 수도 있다. 하지만 특히 혁명이 세대를 이어 계속되는 중동에서는 부득이하게 무력에 의존하더라도 스마트한 사용이 반드시 필요하다.

장기적인 관점에서 본다면 직접 점령하고 통치하는 것보다는 조지 케넌 식의 봉쇄정책이 더 바람직할 수 있다.

또 하나의 과제는 앞서 이야기했듯이 새롭게 제기되는 다양한 다국적 문제들을 해결하기 위해 어떻게 제도를 만들어 유지하고, 네트워크를 구축하고, 정책을 수립해 나가느냐 하는 것이다.

전 지구적인 공공재를 만들어내는 데는 제일 강한 나라가 리더십을 발휘해 앞장서는 것이 중요하다. 만약에 미국이 이런 일에 소극적으로 나서면, 다른 나라들도 따라서 소극적이 된다. 아쉽게도, 국내정치의 당파적인 대치 현상 때문에 그런 리더십이 제대로 발휘되지 못하는 경우가 많다.

유엔해양법협약Law of the Seas Treaty 에 가입하는 것이 미국의 국익에 도움이 되고, 남중국해에서 미국의 외교적인 입지를 강화하는 데 꼭 필요한 협약임에도 불구하고, 미국 상원은 협약 비준에 실패했다.

비슷한 사례로, 미국은 의회의 반대에 막혀 국제통화기금IMF 쿼터 개혁 약속을 이행하지 못하고 있다. 유럽의 쿼터를 줄이고, 신흥국가들의 쿼터를 늘리기로 하는 이 개혁안은 미국 입장에서는 거의 잃을 게 없는 것이다.

미국은 기후변화에 대한 대응을 주도하면서도 탄소배출권 거래제를 시행하는 데 있어서 국내의 강력한 반대 여론에 직면하고 있다. 자유무역협정 체결에도 국내의 반대 여론이 심하다. 국내의 이런 대결 분위기는 글로벌 공공재를 다루는 데 있어서 미국이 발휘할 리더십을 약화시킨다.

이는 결과적으로 미국의 세기를 지속하는 데 반드시 필요한 소프트파워를 약화시키고, 나아가 미국의 입지를 취약하게 만든다.

결론적으로 말해, 미국의 세기가 지속될지 여부는 다양하고 광범위한 종류의 동맹에 달려 있다. 앞으로 전개될 새로운 세계정치 질서 속에서는 점점 더 그렇다.

다른 나라들이 미국의 주요한 관심이 국내문제로 방향을 돌리고 있다고 생각한다면, 어떻게 미국이 그런 동맹의 신뢰를 계속 유지할 수 있겠는가? 그리고 어떻게 유럽과 중동 같은 지역에서의 공약을 약화시키지 않으면서 균형의 축을 아시아로 이동시킬 수 있겠는가?

중국과의 관계 전략에서는 협력과 경쟁이 모두 필요한 요소이다. 그렇기 때문에 미국의 아시아 정책은 과도하게 군사적인 측면으로 흐르지 않도록 조심하는 게 대단히 중요하다.

앞으로도 군사력은 미국의 힘을 구성하는 중요한 요소로 남을 것이다. 동맹국들의 안전을 보장해 주는 것이 미국이 영향력을 행사할 수 있게 해주는 중요한 자원이기 때문이다. 동맹국들에서 일어나는 사태에 제한적으로 개입하는 것이 미국의 국익에 대단히 중요한 경우들이 있다. 하지만 무력은 바람직하지 못한 도구이며, 일방적인 무력사용을 국가의 리더십과 동일시하는 것은 잘못이다.

한국을 비롯해 유럽과 일본에서 미군의 주둔이 그 나라의 경제적, 정치적 발전에 기여했다고 주장하는 사람들이 있다. 하지만 미군이 그 나라들로부터 환영받은 것은 그 나라들에 명백하고 실재적인 외부로부터의 위협이 있었기 때문이라는 사실을 잊어서는 안 된다. 그렇다고 하더라도 한국의 경우에는 민주주의가 실현되는데 무려 30년 넘게 걸렸다.

유럽과 동아시아에서 군사적 균형을 유지한다는 미국의 전략은 미국의 세기를 유지하는 데 중요한 요소였다. 하지만 혁명의 와중에 있는 중동에서 국민들의 민족주의적인 성향이 강한 나라들을 상대로 점령을 시도하거나, 내정을 좌지우지하려고 하는 행위는 미국의 세기를 단축시키는 보증수표가 될 것이다.

그리고 군사력은 인터넷, 기후변화, 금융안정과 관련된 문제 같은 범국가적인 이슈들을 해결하는 데 큰 도움이 되지 않는다. 미국의 세기를 더 연장시키고 싶다면, 미국은 무역, 금융, 문화, 제도를 통해, 그리고 네트워크와 행동 시스템을 통해 다른 나라들을 위한 국제환경을 조성하고, 인센티브를 제공해야 한다.

새로운 형태의 네트워크와 멀티스테이크홀더multistakeholder 시스템이 제 역할을 할 것이다. 로버트 졸릭Robert Zoellick 전 세계은행 총재는 이렇게 말했다. "오늘날에는 미국에게 이익이 되도록 세계를 바꿀 기회들이 많이 있다. 하지만 이 기회를 살리는 데 미국의 군사력은 포함되지 않는다."[7]

유럽과 아시아와의 자유무역협정 체결 등을 통해서도 더 많은 기회를 만들어낼 수 있다. 그리고 북미통합을 향한 장애들을 제거해 나감으로써도 미국에게 유리한 기회는 만들어진다. 동아시아는 그동안 경제적 역동성이 넘치는 지역이었다. 하지만 앞으로는 인구와 에너지 사정으로 비추어볼 때 북미가 발전이 더 기대되는 곳이다.

미국의 세기를 유지해 나가기 위해서 미국은 동아시아에서도 경제 및 생태학적인 문제에 이니셔티브를 추구해 나갈 필요가 있다. 개별적인 사건에 임시방편적인 대응을 하는 것으로는 부족하다. 축소지향의 시기에는 스마트한 파워 전략이 필요하다.

* * *

결론적으로 말해, 미국의 세기는 끝나지 않았다.

미국의 세기라는 말의 의미가 군사적, 경제적으로, 그리고 소프트파워 면에서 미국이 확보하고 있는 자원이 압도적으로 우월한 특별한 시기를 가리킨다면 그렇다.

미국은 이렇게 압도적으로 우월한 자원을 통해 전 세계적으로 힘의 균형을 추구하고, 국제적인 공공재公共財 를 제공하는 일에 있어서 가장 중심적인 역할을 담당할 수 있게 되었다.

지금을 중국의 세기라고 하는 주장하는 사람들과 달리 나는 미국 이후의 세계질서는 아직 시작되지 않았다고 생각한다.

그렇다고 하더라도 앞으로 미국의 세기는 20세기 때와 같은 모습으로 계속되지는 않을 것이다. 세계경제에서 미국이 차지하는 몫은 지난 세기 중반 때보다 줄어들 것이다. 그리고 다른 여러 나라들이 약진하고, 비非 정부적인 주체들의 역할이 커짐에 따라 앞으로 어떤 단일 국가가 앞장서서 영향력을 행사하고, 행동을 주도하는 일은 더 힘들어질 것이다.

전문가들도 일극체체unipolarity 니 다극체제multipolarity 니 하는 용어를 더 이상 상투적인 뜻으로 쓸 수 없는 때가 되었다. 앞으로는 일극체제나 다극체제로 단순 구분하는 대신 동시에 여러 복잡한 문제들에 대처해 나가지 않으면 안 될 것이기 때문이다.

그리고 개념규정이 엉성하고 모호한 쇠퇴decline 라는 용어를 놓고 왈가왈부하는 일도 그만두는 게 좋다. 쇠퇴라는 말에는 여러 다양한 행동양태가 복합적으로 포함돼 있어서 잘못된 정책적 결정을 이끌어낼 수 있기 때문이다.

리더십Leadership 은 패권domination 과 같은 개념이 아니다. 힐러리 클린턴 전 국무장관이 말한 '다수 참여'multipartner 의 세계에 많은 나라들이 참여하도록 만들려면 미국이 그들의 소리에 귀를 열어야 한다.

미국의 세기가 지속된 동안에는 미국이 항상 일정 수준의 리더십과 영향력을 행사해 왔다는 사실을 잊어서는 안 된다. 미국이 완전하게 통제권을 행사해 본 적은 없었다. 제1장에서 보았듯이, 압도적으로 우월한 자원을 확보하고 있던 시기에도 미국은 자신이 원하는 것을 손에 넣지 못한 적이 자주 있었다. 지금 우리가 경험하는 엔트로피 세계는 복잡성과 혼란스러움이 과거보다 더 심해졌다고 주장하는 사람들이 있다. 이런 사람들은 1956년 같은 경우를 기억해 보기 바란다. 그해 한 해 동안 미국은 소련이 헝가리의 저항을 무력진압하는 것을 막지 못했다. 그리고 프랑스는 베트남을 잃었고, 미국의 우방들인 영국, 프랑스, 이스라엘이 수에즈 운하를 공격했다.

사람들은 과거를 장밋빛 색안경을 끼고 보려고 한다. 조심해야 할 습관이다. 어떤 코미디언이 한 말이 생각난다. "헤게모니가 예전 같지 않다. 그런데 예전에는 그런 것도 없었다."

이제 미국의 우월한 지위는 어느 정도 약화되었고, 세계는 이전보다 훨씬 더 복잡해졌다. 미국이 앞으로도 계속해서 자신의 지위를 유지해 나가기 위해서는 국내와 해외에서 모두 현명한 전략적 선택을 할 필요가 있다.

미국의 세기는 아무리 짧게 잡아도 앞으로 수십 년은 더 지속될 것이다. 하지만 이제부터 다가올 미국의 세기는 헨리 루스^{Henry Luce} 가 그 말을 처음 만들어 소개했을 때와는 많이 다른 모습일 것이다.

덧붙이는 글

- 힘의 분산과 새로운 세계질서 -

- 중국을 어떻게 다룰 것인가? -

- 유럽의 새로운 역할-

힘의 분산과 새로운 세계질서

당면하고 있는 21세기 국가의 힘에 대해 설명해 보자. 기본적으로 내가 말하고자 하는 것은 국가의 힘은 변한다는 사실이다. 나는 두 가지 종류의 변화에 대해 이야기하고자 한다.

하나는 힘의 전환power transition 인데, 이는 국가들 사이에 일어나는 힘의 이동을 말하는 것이다. 내가 말하고자 하는 주요 관점은 이 힘이 서방에서 동방으로 이동한다는 것이다.

또 다른 하나의 전환은 힘의 분산power diffusion 이다. 이는 서방국가이냐 동방국가이냐를 불문하고 국가의 힘이 비非 정부 행동주체들로 이동해 간다는 사실을 말한다.

이 두 가지가 바로 금세기 들어서 일어난 가장 큰 힘의 변화이다. 나는 이 두 가지 변화에 대해 각각 설명하고, 그런 다음에 이 두 변화가 서로 어떤 이유로 어떻게 작용하는지에 대해 말하고자 한다. 그런 다음 이 힘의 변화와 관련해 일어나고 있는 몇 가지 좋은 소식도 이야기하고자 한다.

힘의 전환에 대해 이야기할 때 우리는 흔히 아시아의 부상을 이야기한다. 하지만 아시아의 경우는 부상이라고 하기보다는 아시아의 회복, 혹은 아시아의 귀환이라고 하는 표현이 더 적절할 것이다.

1800년의 세계를 한번 보자. 당시에는 전 세계 인구의 절반 이상이 아시아에 살았다. 그리고 전 세계 생산량의 절반 이상을 아시아 국가들이 만들어냈다. 시간을 빨리 돌려 1900년으로 가보자. 이때도 세계 인구의 절반, 혹은 절반 이상이 여전히 아시아에 살고 있었다. 하지만 이들이 만들어내는 생산량은 전 세계 생산량의 5분의 1에 불과했다.

도대체 그 사이에 무슨 일이 일어난 것인가? 바로 산업혁명이 있었다. 산업혁명이 일어나 어느 날 갑자기 유럽과 미국이 세계의 압도적인 중심자리를 차지하게 된 것이다.

21세기에 들어와서 우리는 아시아의 인구가 다시 세계 인구의 절반 이상을 차지하던 시절로 차츰 회복되고 있다는 사실을 보게 된다. 생산량도 전 세계 생산량의 절반 이상을 향해 나아가고 있다. 이는 대단히 중요한 사실이며, 대단히 중요한 전환이다.

여기서 다른 힘의 전환, 다시 말해 힘의 분산power diffusion 에 대해 잠시 언급하고자 한다. 힘의 분산이 무슨 의미인지 알기 위해 다음 사실을 한번 생각해 보기 바란다.

컴퓨팅과 커뮤니케이션 비용은 1970년부터 시작해 21세기 초 사이에 1000분의 1로 줄어들었다. 이는 대단히 추상적인 수치이다. 좀 더 실감나게 이해되도록 이렇게 설명해 보자.

만약에 자동차 가격이 컴퓨팅 파워 가격처럼 빠른 속도로 하락했다면, 오늘날 자동차 한 대 가격은 15~20달러에 불과할 것이다. 어떤 기술이든 가격이 그런 속도로 급격히 하락하면 그 기술을 획득하는 것을 막는 진입장벽이 낮아지는 법이다.

누구든지 들어와 함께 즐기고 경쟁할 수 있게 되는 것이다. 그렇게 해서 1970년에는 마음만 먹으면 옥스퍼드에서 요하네스버그, 뉴델리, 브라질리아, 그리고 세계 어느 곳이든 사람들이 동시에 서로 소식을 주고받을 수 있게 되었다.

기술이 개발되어 있기 때문이다. 그런데 초기에는 그 기술을 손에 넣으려면 대단히 돈이 많아야 했다. 정부, 다국적 기업, 가톨릭교회 등 누가 주체가 되든 마찬가지였다. 대단한 부자가 아니고선 엄두도 내지 못할 정도로 비쌌던 것이다. 그런데 지금은 누구나 그럴 수 있는 능력을 갖고 있다. 가격이 하락하면서 과거에는 극소수의 주체들에게만 접근이 허용되던 능력을 누구나 가질 수 있게 된 것이다.

인터넷 카페에 들어갈 입장료만 있으면 누구에게가 가능하게 되었다. 내가 제일 최근에 들은 입장료는 시간당 1파운드였다. 그리고 스카이프가 있으면 공짜로 이용할 수 있다.

그렇게 해서 한때 소수에게만 제한적으로 허용되던 능력이 이제 모든 사람이 이용할 수 있게 된 것이다. 하지만 이렇게 되었다고 해서 국가의 시대age of the State 가 종말을 고한다는 말은 아니다. 국가는 여전히 중요한 역할을 한다. 달라진 것은 무대가 복잡해졌다는 것이다. 무대 위에 국가 혼자만 있는 게 아니기 때문이다.

국가 외에도 너무 많은 행동 주체들이 움직이고 있다. 그 가운데는 착한 주체들도 있고, 나쁜 주체들도 있다. 예를 들어 비정부 기구인 옥스팜Oxfam 은 착한 주체이고, 역시 비정부 단체인 알카에다는 나쁜 주체이다.

따라서 이제는 전통적인 생각과 개념으로 세상을 이해하려고 하면 곤란하다. 우리는 항상 전쟁, 특히 국가 간 전쟁을 걱정한다. 그런데 1941년 일본 정부가 미국의 진주만을 공격했을 때를 생각해 보자. 그

때 진주만에서 죽은 미국인 사망자수보다 2001년에 비정부 단체 소속의 테러범들이 미국을 공격해 죽인 사망자수가 더 많았다.

이는 대단히 시사하는 바가 큰 사례이다. 전쟁의 민간화라고 부를 수 있는 사례인데, 힘의 분산이라는 면에서 이는 대단히 중요한 변화이다.

문제는 우리가 이 변화를 그렇게 혁신적인 눈으로 바라보지 않고 있다는 사실이다. 한발 뒤로 물러나 이런 질문을 던져 보자. 힘이란 무엇인가? 쉽게 말해 힘이란 누군가에게 영향을 미쳐서 내가 원하는 결과를 얻어낼 수 있게 만드는 능력을 말한다.

힘을 행사하는 데는 모두 세 가지 방법이 있다. 우선 위협을 가하거나 강압적인 방법을 쓸 수 있다. 바로 '채찍'을 동원하는 것이다. 그리고 대가를 부여할 수 있다. '당근'을 쓰는 것이다. 그 다음 방법은 내가 원하는 바를 다른 사람도 원하도록 만드는 것이다. 다른 사람으로 하여금 내가 원하는 방향으로 따라오도록 만드는 능력, 강압이나 대가를 지불하지 않고도 내가 원하는 것을 얻는 힘이 바로 내가 말하는 소프트파워이다.

지금까지 이 소프트파워는 대단히 가볍게 취급되어 왔고, 많은 오해를 받아 왔다. 하지만 이것은 대단히 중요한 개념이다. 소프트파워를 효과적으로 쓸 수 있는 법을 배우면, 당근과 채찍에 대한 의존을 크게 줄일 수 있게 된다.

전통적으로 사람들은 힘에 대해 생각할 때 제일 먼저 군사력을 떠올린다. 예를 들어, 옥스퍼드대의 저명한 역사학자 A.J.P. 테일러Taylor 교수는 강대국을 전쟁에서 승리할 수 있는 능력을 보유한 나라라고 정의했다.

하지만 21세기에 힘의 개념을 제대로 이해하기 위해서는 강대국의 정의를 새롭게 내릴 필요가 있다. 지금도 전쟁이 일어나고 있기는 하지만, 단지 전쟁에서 승리하는 것만이 중요한 게 아니다. 어느 나라 군대가 승리하느냐만 중요한 게 아니다. 누구의 스토리가 승리하느냐도 마찬가지로 중요한 시대가 된 것이다.

이제는 어떤 스토리인지에 훨씬 더 많은 관심을 기울여야 하고, 누구의 스토리가 더 영향력을 발휘할지에 대해 더 많은 생각을 해봐야 한다.

이제 국가와 국가 사이의 힘의 전환이라는 문제로 다시 돌아가 보기로 하자. 국가 사이의 힘의 전환이라는 면에서 어떤 변화가 일어나고 있는 것인가?

우리가 지금 쓰고 있는 스토리는 대부분 강대국들의 부상과 몰락에 관한 것이다. 그리고 스토리의 대부분은 중국의 부상과 미국의 쇠퇴에 관해 관심을 집중하고 있다. 실제로 2008년 금융위기를 계기로 많은 사람들이 이제 미국의 힘이 종말을 고하기 시작한 것이라고 말했다.

세계정치에 지각변동이 일어나고 있는 게 사실이다. 예를 들어 2008년에 당시 드미트리 메드베데프 러시아 대통령은 미국의 힘이 종말을 고하기 시작했다고 선언했다.

하지만 미국의 쇠퇴를 이야기하는 이런 비유들은 사태를 잘못 이해하고 있는 경우가 많다. 최근의 역사를 보면, 미국의 쇠퇴를 주장하는 이론들은 10년 혹은 15년 주기로 반복돼 왔음을 알 수 있다.

1958년에 소련이 스푸트니크호를 쏘아 올렸을 때, 이를 '미국의 종말'을 알리는 신호탄이라고 받아들인 사람들이 있었다. 1973년에 아랍의 석유금수조치로 1차 오일쇼크가 왔을 때도 마찬가지로 미국의 시대는 끝났다는 말들이 나왔다.

1980년대 들어서 레이건 행정부 시절 동안 대표적인 공업지대인 미국 중서부의 벨트에서 캘리포니아의 실리콘밸리로 경제의 축이 옮겨갈 때도 사람들은 미국의 시대가 끝났다는 말을 했다.

하지만 실상은 그렇지 않았다. 2000년대 초가 되자 사람들은 미국이 무슨 일이든 할 수 있는 힘을 갖게 되었다고 환호했다. 그 환호가 지나친 나머지 위험한 외교정책들을 채택하기에 이르렀고, 그 결과로 미국이 다시 쇠퇴기에 들어서게 되었다는 말이 나돌기 시작했다.

미국의 흥망과 쇠퇴에 대한 이런 설명들은 사실상 미국이 처한 현실을 제대로 반영한 것이라기보다는 심리적인 현상을 반영한 측면이 훨씬 더 강하다. 현실을 직시한다면, 중국과 미국에서 실제로 어떤 일이 벌어지고 있는지 정확히 살펴볼 필요가 있다.

골드만 삭스 보고에 따르면, 오는 2027년이면 중국, 다시 말해 중국경제가 미국경제를 추월하게 될 것이라고 예측됐다. 그게 사실이라면 우리에게는 중국경제로부터 추월당하기까지 12년 남짓한 시간이 남아 있다.

13억 인구를 가진 어떤 나라가 점점 부유해져서 미국을 제치고 올라서게 된다는 것이다. 하지만 골드만 삭스가 내놓은 이런 전망은 21세기 들어서 일어나는 힘의 전환을 정확하게 보여준다. 그렇기는 하지만 이런 전망에 대해서는 대단히 신중한 자세로 접근해야 한다는 것도 사실이다.

이런 전망은 한마디로 현상을 너무 단순화시켜서 보여주는 것이다. 왜 그렇다고 하는 것인지 세 가지 이유를 들어 설명해 보겠다. 첫째는 미래를 너무 일직선으로 보는 단선적인 전망이기 때문이다.

쉽게 말하자면 이런 식이다. 여기 중국의 경제성장률이 있다. 그리고 미국의 경제성장률은 이렇다. 그러니 이런 식으로 일직선으로 계속 나가면 중국이 미국을 앞서게 된다. 이런 식이다.

하지만 역사는 일직선으로 진행되지 않는다. 가다 보면 웅덩이도 나오고 진창도 만나게 되는 것이다. 두 번째 이유는 예를 들어 2030년이면 중국경제가 미국경제를 추월하게 된다고 할 때, 그것은 일인당소득이 아니라 총 경제규모를 기준으로 전망하는 것이다. 경제의 여러 구성요소들을 고려하지 않고 내놓는 전망이라는 말이다.

중국에는 지금도 광활한 지역이 개발되지 않은 채 버려져 있고, 경제의 민감한 부분들을 고려하기 위해서는 일인당소득이 더 좋은 척도이다. 그리고 중국은 이번 세기의 후반부, 다시 말해 2050년이 지나기 전까지는 미국경제를 따라잡지 못한다.

하지만 이런 전망은 너무도 일차원적인 계산법에 근거하고 있다. 다시 말해 이는 GDP로 산정한 경제력에 근거를 둔 전망이다. 군사력을 고려했을 때는 어떻게 달라진다든지, 소프트파워를 고려하면 또 어떻게 된다든지 하는 것을 전혀 말해주지 못한다는 것이다. 그런 의미에서 대단히 일차원적이다.

또한 아시아의 부흥이나 아시아의 귀환을 이야기할 때는 아시아가 하나의 단일 주체가 아니라는 점을 먼저 염두에 둘 필요가 있다. 물론 나는 아시아의 귀환을 이야기하기에는 아직도 조금 이르다고 생각하는 사람이다.

일본이나 뉴델리, 혹은 하노이에 앉아서 중국의 부상을 바라보는 시각과 베이징에 앉아서 중국의 부상을 바라보는 시각은 약간 달라진다. 아시아의 힘과 관련해 말할 때 미국이 가지고 있는 강점 중 하나는 이 지역 국가들이 모두 중국의 부상에 맞서 자신들을 지켜 줄 미국의 보장 역할을 원한다는 사실이다.

중국의 이런 처지를 미국의 경우에 대입시켜 본다면 마치 멕시코와 캐나다가 미국에 적대적인 이웃인 것과 마찬가지다. 따라서 중국의 부상에 대한 골드만 삭스 류의 단선적인 전망은 힘의 전환에 대해 우리가 제대로 알아야 할 사항들을 제대로 짚어주지 않는다.

그게 무슨 문제가 되느냐고 반문할지도 모르겠다. 이런 건 외교관과 학자들이 알아서 잘 따져줄 일이 아닌가 하고 치부해 버릴지도 모르겠다. 답은 그렇지 않다는 것이다. 이 문제를 제대로 따져보는 건 대단히 중요한 일이다. 왜냐하면 미국이 쇠퇴하고 있다고 믿고 있는데, 그게 잘못된 믿음이라고 하자. 잘못된 사실에 근거해 정책결정이 내려진다면 그건 대단히 위험한 일이 아니겠는가.

역사적인 예를 하나 들어보자. 펠로폰네소스 전쟁은 2500여 년 전에 그리스의 도시국가 시스템을 와해시킨 큰 전쟁이었다. 전쟁이 일어나게 만든 원인은 무엇이었던가? 펠로폰네소스 전쟁을 기술한 위대한 역사가 투기디데스는 아테네의 부흥과 그를 바라보는 스파르타인들의 두려움이 전쟁의 원인이었다고 썼다.

많은 이들이 21세기도 1차세계대전이 일어났던 20세기의 전철을 되풀이할 것이라고 말한다. 1차세계대전은 유럽의 국가 시스템이 찢겨지고, 세계의 중심역할을 하고 있던 유럽의 지위가 무너져 내리게 만든 대격돌이었다.

그런데 독일의 힘이 부상하고, 그것을 보고 영국이 갖게 된 두려움이 바로 이 전쟁의 원인이었다. 따라서 이런 일은 지금도 얼마든지 되풀이될 수 있다고 말하는 것이다. 하지만 나는 그런 일은 일어나지 않을 것이라고 생각한다. 그것은 되풀이하지 말아야 할 나쁜 역사이다.

1900년이 되자 독일은 산업력에서 영국을 앞섰다. 앞서 말했듯이 중국은 아직 미국을 추월하지 못했다. 여기에 덧붙여서 중국이 미국을 추월할 것이라는 믿음을 갖게 되면, 이 믿음이 일종의 두려움을 만들어내고, 두려움은 과잉반응을 하도록 유도한다.

서방에서 동방으로의 힘의 전환을 보면서 우리가 가질 수 있는 가장 큰 위험도 바로 이 두려움이다. 프랭클린 루스벨트가 다른 맥락에서 한 말을 원용해 본다면, 우리가 가장 두려워해야 할 것은 바로 두려움 그 자체이다. 우리는 중국의 부상이나 아시아의 귀환을 두려워할 필요가 없다. 그리고 우리가 이런 일을 큰 역사적인 안목으로 다룰 정책을 갖고 있다면, 이런 일도 충분히 잘 관리해 나갈 수 있을 것이다.

이제는 힘의 분배distribution of power 에 대해 이야기해 보기로 한다. 그리고 힘의 분배가 힘의 분산power diffusion 과 어떻게 관련이 있는지를 따져보고, 그런 다음 이 두 개념을 함께 다루기로 한다.

오늘날의 세계에서는 힘의 분배가 어떻게 이루어질까? 나는 마치 3차원 체스게임과 같은 양상으로 이루어진다고 생각한다. 체스판 맨 위에는 각국이 보유하고 있는 군사력이 자리한다. 여기서 미국은 유일한 초강대국이다. 그리고 앞으로 20~30년 동안 군사력에 관한 한 미국은 계속해서 최고의 위치를 고수할 것이다.

이 군사력이라는 체스판에서 중국은 결코 미국의 자리를 대신 차지하지 못할 것이다. 이 3차원 체스판의 중간에는 각국의 경제력이 자리하고 있다. 경제력은 다극체제를 이루고 있다. 그리고 균형자 역할을 하는 세력들이 있는데, 바로 미국, 유럽, 중국, 일본 등이다. 이들은 서로 서로 균형을 잡아주는 역할을 한다.

3차원 체스판의 제일 아래쪽은 범국가적인 관계가 자리하고 있다. 정부의 통제 밖에서 국경을 넘나들며 움직이는 힘들이다. 기후변화, 마약거래, 금융흐름, 전염병 같은 존재들이다. 특정 정부의 통제를 받지 않고 국경을 넘나드는 이들은 특정 국가의 단독 책임 관할에 속해 있지 않다.

이런 체스판을 일극체제니 다극체제니 하고 부르는 것은 아무 의미가 없다. 힘은 혼돈 속처럼 무작위로 분배되어 있으며, 이런 문제들을 해결할 수 있는 유일한 길은 서로 힘을 모으고 협력하는 것뿐이다. 21세기에는 이 분야에서 수많은 난제들이 나타날 것이다. 이런 협력을 하기 위해서는 소프트파워가 점점 더 중요해진다. 이런 문제들을 다루기 위해 네트워크를 조직하고, 협력을 이끌어낼 수 있는 능력이 바로 소프트파워이다.

21세기의 힘의 관계를 이해하기 위해서는 힘이 항상 제로섬 게임이라는 생각을 버려야 한다. 이제 국가 간의 힘은 내가 얻으면 상대가 잃고, 상대가 얻으면 내가 잃는 게임이 더 이상 아니라는 말이다.

이제는 힘이 포지티브 섬positive sum 의 시대가 되었다. 상대의 이득이 동시에 나의 이득도 되는 시대가 된 것이다. 만약에 중국이 에너지 안보를 튼튼히 키우고, 탄소배출 문제를 다룰 능력을 훌륭하게 갖추게 되면, 그것은 미국에도 좋고, 중국에도 좋은 일이다. 따라서 중국이 탄소배출 문제를 다룰 능력을 갖게 되는 것을 제로점 게임으로 보면 안 된다. 그것은 내가 이기면 상대는 잃는다는 제로점 게임이 아니라, 모두에게 이득이 되는 게임이다. 따라서 21세기의 힘에 대해 이야기할 때는 내가 이기면 상대는 진다는 식의 계산법은 버리는 게 좋다.

그렇다고 무조건 낙관적으로 보자는 것은 아니다. 지금도 전쟁은 일어나고 있고, 군사력은 중요하다. 균형을 취하는 것도 중요하다. 이 모든 게 여전히 중요한 요소들이다. 하드파워는 중요한 고려사항이고, 앞으로도 그럴 것이다. 하지만 하드파워와 소프트파워를 적절히 조화시켜 내가 말하는 스마트파워로 만들어내는 전략을 만들어내는 법을 배우지 못한다면 앞으로 우리가 당면하게 될 여러 다양한 새로운 문제들에 제대로 대처할 수 없게 된다.

따라서 우리가 생각해야 할 가장 핵심적인 질문은 어떻게 협력을 이끌어내서 글로벌 공공재를 만들어낼 것이냐 하는 점이다.

공공재란 다시 말해 우리 모두에게 유익한 것을 가리킨다. 따라서 이제는 각국이 제로섬 게임이 아니라, 포지티브섬의 입장에서 각자의 국익을 규정해야 한다.

그런 의미에서, 예를 들어 만약에 영국이 19세기에 열린 무역 시스템을 유지하고, 금융안정 정책을 지지하고, 자유항해 체제를 보장하는 정책을 고수했다면, 그것은 영국 스스로에게 이익이 되고, 미국을 포함해 다른 모든 나라들에게도 이익이 되었을 것이다.

그리고 21세기에 들어와서도 이런 식으로 세계질서가 유지된다고 생각해 보자. 그렇다면, 우리에게 좋을 뿐만 아니라, 모두에게 좋은 글로벌 공공재는 어떻게 만들 수 있을까? 21세기의 힘에 대해 생각할 때는 이 글로벌 공공재를 어떻게 만들지 그 방법을 찾아내는 게 바로 좋은 뉴스이다.

　우리는 하드파워로 자신을 지키고, 동시에 다른 나라들과의 네트워크를 통해 공공재를 생산할 뿐만 아니라 네트워크를 통해 우리 자신의 소프트파워도 강화해 나갈 수 있을 것이다.

　이런 문제에 대해서는 여러 사람이 이미 언급한 바 있다. 그 중에서 나는 힐러리 클린턴이 한 말이 대단히 인상적이라고 생각한다. 힐러리 여사는 오바마 행정부의 외교정책에 대해 설명하면서, 오바마 행정부의 외교정책은 "우리 외교정책의 공구박스에 들어 있는 모든 도구를 총동원하여 스마트파워를 추구할 것"이라고 말했다.

　나는 두 가지 큰 힘의 전환에 대해 이야기했다. 하나는 국가 간의 힘의 이동을 말하는 것이고, 또 하나는 국가의 통제를 벗어난 분야에서의 힘의 분산을 말한다. 이 두 가지 힘의 전환을 제대로 다루기 위해서 우리는 하드파워와 소프트파워 두 가지를 결합해서 스마트파워 전략으로 만들어내는 새로운 힘의 논리를 개발해 나가야 할 것이다.

　우리는 그 방향으로 나아가야 하며, 그렇게 할 수 있다.

중국을 어떻게 다룰 것인가?

동중국해에서 격화되고 있는 영토분쟁에 관해 이코노미스트는 "중국과 일본 두 나라가 전쟁을 향해 나아가고 있다."고 설명했다. 두 나라 사이에 전쟁가능성을 언급한 것은 지나치게 앞서간 분석이라고 할 수도 있다. 하지만 두 나라의 영토분쟁은 일부 미국 전문가들 사이에 나돌고 있는 중국을 '봉쇄'하는 정책이 필요하다는 목소리에 힘을 실어주고 있다.

중국의 많은 관리들이 자기들에 대한 미국의 봉쇄정책이 이미 가동되고 있다고 생각한다. 오바마 대통령이 주창하는 아시아 피봇pivot 정책의 핵심이 바로 중국을 견제하는 것이라는 말이다. 국제정치학 교수인 진찬룽은 이렇게 말했다. "피봇 정책은 대단히 어리석은 정책적 선택이다. 이것은 중국을 화나게만 할 뿐 미국은 이 정책을 통해 아무 것도 얻는 게 없을 것이다. 중국은 견제당하지 않을 것이다."

봉쇄정책은 다른 시대, 다시 말해 냉전시대에 고안된 정책이며, 지금 미국이 그 정책을 다시 꺼내들면 안된다고 그는 강조했다. 냉전 초기에 봉쇄정책은 소련과 소련의 동맹국들을 경제적으로 고립시키는 것을 의미했다. 이후 봉쇄정책의 아버지라 불리는 조지 케넌George F. Kennan 의 의도와 달리 봉쇄정책은 '도미노 효과'로 베트남전쟁을 격화시키는 결과를 낳았다.

냉전 시절의 봉쇄정책은 사실상 양 진영 사이에 무역거래와 사회적 접촉을 막았다. 하지만 지금의 중국은 당시의 소련과 다른 나라이다. 우선 중국은 당시 소련이 추구하던 것과 같은 글로벌 패권을 추구하지 않는다. 그리고 미국은 중국과 엄청난 규모의 무역거래를 하고 있고, 두 나라 사이에는 많은 유학생과 관광객이 서로 오가고 있다.

나는 클린턴 행정부 시절이던 1994년 미국 국방부의 동아시아전략 수립 작업을 하면서 두 가지 이유로 중국 봉쇄정책을 받아들이지 않았다. 우리가 중국을 적으로 간주하고 정책수립을 한다면 그것은 중국을 우리 미래의 적으로 분명하게 못 박는 것이다. 반대로 중국을 우리의 친구로 간주하면, 앞으로 중국과 더 평화로운 미래관계를 열어갈 가능성을 계속 열어두는 것이 된다는 논리였다.

대신 우리는 '통합하되 대비한다'integrate but hedge 는 정책을 고안해냈다. 로널드 레이건 행정부가 '신뢰하되 검증하라'trust but verify 는 입장을 취한 것과 비슷한 것이다. 그렇게 해서 미국은 중국의 세계무역기구WTO 가입을 지지했고, 중국 제품과 중국 관광객을 받아들였다.

하지만 클린턴 행정부는 1996년 선언을 통해 미국과 일본의 전후 안보조약이 안정되고 번영하는 동아시아를 만드는 정책의 기본바탕이 된다는 사실을 재확인했다. 클린턴 행정부는 또한 중국의 부상을 견제하기 위한 수단의 하나로 인도와의 관계개선에 나섰다.

당시 이 전략은 민주, 공화 양당의 지지를 받았다. 조지 W. 부시 대통령은 인도와의 관계 개선 정책을 계속 이어가면서도 중국과의 경제 교류를 늘려갔다. 당시 국무부 차관이던 로버트 B. 졸릭은 미국은 중국의 부상을 '책임 있는 이해당사자'responsible stakeholder 의 등장으로 받아들일 것이라고 말했다.

오바마 대통령은 아시아 재균형rebalancing 정책을 통해 해군력을 태평양으로 재배치하는 동시에 무역, 인권, 외교 분야에서 미국이 이니셔티브를 취해나가겠다는 의지를 밝혔다. 토머스 도닐런Thomas E. Donilon 백악관 국가안보보좌관은 미국-중국 관계는 "협력과 경쟁 두 가지 요소를 모두 포함하고 있다."고 말했다.

아시아는 단일 주체가 아니며, 아시아 내부의 세력균형을 유지하는 게 미국 외교 전략의 핵심이다. 일본, 인도, 베트남을 비롯한 여러 나라들은 중국의 영향력에 휘둘리기를 원치 않으며, 그렇기 때문에 미국이 이 지역에 남아 있는 걸 환영한다.

중국은 소프트파워를 성공적으로 키워서 주변국들의 호감을 사야 한다. 그렇지 않으면 주변 국가들은 중국이 군사력과 경제력을 키우는 것을 보고 경계심을 갖게 될 것이다. 그리고 힘의 균형을 맞추기 위해 자기들끼리 서로 단합하려고 할 것이다.

미국이 아시아에 상당한 규모의 군사력을 유지하고 경제적인 영향력을 유지하는 것이 이 지역의 힘의 균형을 유지하는 데 도움이 될 것이다. 그리고 이는 중국으로 하여금 세력균형 유지에 협력하도록 만드는 환경을 조성하는 데 기여할 것이다.

2008~9년 금융위기를 보고 중국 내부에는 미국이 지속적인 쇠퇴의 길로 들어섰다고 믿는 분위기가 있었다. 그리고 미국의 쇠퇴는 중국에 새로운 기회가 될 것이라고 믿었다. 그 결과 중국은 일본과 인도, 한국, 베트남, 필리핀과의 관계를 악화시켜 놓았다. '중국만이 중국을 억제할 수 있다.'는 말을 확인시켜 준 중국의 실책이었다.

하지만 그렇다고 미국이 아시아에 대한 재균형 정책을 지나치게 공격적으로 가져가선 안 된다. 과도한 군사화를 피하고 중국이 포위되고, 위험에 처했다는 느낌을 갖지 않도록 주의하라고 한 조지 케넌의 경고에 귀를 기울여야 한다. 세계 최대 경제국인 미국과 중국 두 나라 모두 기후변화와 전염병, 사이버 테러리즘, 핵비확산 등에 대처하는 데 있어서 서로 협력함으로써 얻을 게 훨씬 더 많다.

중동 에너지에 대한 중국의 의존도가 점점 더 커짐에 따라, 선박의 자유로운 통행보장을 위한 해양규제 문제를 함께 논의해야 한다. 그리고 태평양 해군군사훈련에 중국을 포함시키도록 해야 한다.

그리고 중국의 셰일가스 같은 국내 에너지원 개발을 적극 지원해 주고, 일본은 2008년의 해저가스전 개발계획을 다시 추진할 수 있도록 도와주는 게 좋다. 그리고 중국도 일정한 기준만 충족시켜 준다면, 아시아·태평양 지역 국가 간에 진행 중인 광역 자유무역협정 FTA인 환태평양경제동반자협정TPP 협상에 참여토록 해주어야 한다.

봉쇄는 부상하는 중국에 대처하는 적절한 정책이 아니다. 힘은 자신이 원하는 결과를 손에 넣을 수 있는 능력을 말한다. 그리고 다른 나라들 위에 군림할 때보다는 다른 나라들과 함께 협력하며 행동할 때 미국의 힘은 더 커질 수 있다.

유럽의 새로운 역할

중국의 부상은 서방에 많은 질문을 던져주고 있다. 중국의 부상으로 글로벌 리더십 역할을 추구하던 유럽이 설 자리를 잃게 되었다고 하는 분석도 있다.

어떤 칼럼니스트는 이렇게 표현한다. "유럽의 각국 정부들이 동아시아에서 할 수 있는 역할이 별로 없다. 이 지역에 진출한 비즈니스를 도와 마케팅 매니저를 하는 정도 외에는 할 일이 없을 것이다." 유럽은 동아시아에서 영향력을 발휘할 만한 외교적인 무게감도 없고 군사적인 힘도 갖고 있지 않기 때문에, 그런 중량감 있는 역할은 미국에 맡기는 게 낫다는 말이다. 하지만 그것은 바람직한 흐름이 아니다.

중국의 부상은 유럽에게 대단히 큰 의미를 갖는다. 중국의 부상과 함께 미국이 아시아 피봇 전략을 펴기 시작한 것이 대표적인 사례이다. 지난 70년 이상 유럽은 미국 정책결정자들의 눈에 최우선 관심사였다. 그런 특별한 지위를 중국의 부상으로 아시아에 넘겨주게 된 것이다. 더구나 이제 군사적인 용도로 전용될 수 있는 유럽 첨단기술제품의 아시아 판매는 이 지역에서 미국의 안보역할을 어렵게 만들어 외교적 마찰을 빚을 가능성까지 생겨났다.

그럼에도 불구하고, 미국과 유럽의 대서양 파트너십이 퇴조할 것이라는 전망은 지나치게 과장된 것이다. 버락 오바마 대통령은 어느 한쪽을 버리고 방향을 전환한다는 의미를 지닌 '피봇'pivot 이란 용어 대신 '재균형'rebalancing 이란 용어를 사용한다. 이는 시사하는 바가 자못 크다.

이는 중국의 경제력이 아무리 커진다 해도 그 때문에 유럽연합의 중요성이 없어지는 것은 아니라는 인식을 반영한다. 미국은 유럽연합이 세계 최대의 단일 주체이고, 인권 보호와 같은 가치를 공유하는 것은 말할 것도 없고 경제적인 혁신 분야의 선두주자라는 인식을 잊지 않고 있다.

그렇다고 아시아의 부상에도 불구하고 미국의 정책에 아무런 변화와 조정이 필요하지 않다는 말은 아니다. 산업혁명이 시작됐을 때 아시아가 세계경제에서 차지하는 몫은 50퍼센트가 넘었다. 하지만 이후 아시아의 몫은 급격히 줄어들기 시작해 1900년에는 불과 20퍼센트에 그쳤다.

21세기 후반이 되면 아시아는 이전의 경제적인 우월성을 회복할 것으로 전망되고 있다. 즉 글로벌 총생산의 50퍼센트를 차지하게 될 것이란 의미이다. 그리고 아시아 인구 수억 명이 빈곤에서 해방된다.

21세기의 가장 중대한 사건이 될 이러한 힘의 전환은 심각한 위험을 내포하고 있다. 역사가들은 중국과 같은 새로운 강대국의 출현이 야기하는 두려움과 불확실성이 심각한 분쟁을 일으킬 수 있다는 경고를 자주 내놓는다. 1세기 전 독일이 산업생산력에서 영국을 추월했을 때 유럽이 그런 경험을 한 바 있다.

아시아는 영토분쟁과 역사적인 긴장관계로 분열돼 있어 안정적인 안보균형을 유지하기가 쉽지 않다. 하지만 균형 유지에 도움이 될 지렛대가 여러 개 있다.

1990년대에는 빌 클린턴 행정부가 중국의 경제력이 커지는 데 대해 어떻게 대응해야 할지를 놓고 고심했다. 당시 일부에서는 봉쇄정책을 주장했지만 클린턴 대통령은 그런 방안을 받아들이지 않았다. 중국의 이웃 국가들이 중국과 우호관계를 유지하고 싶어 하고 있기 때문에 중국을 견제하는 동맹을 만드는 것은 불가능하다고 판단한 것이다. 더 중요한 고려사항은 미국이 반反 중국 동맹을 주도한다면 향후 중국과의 불화를 피할 수 없게 된다는 점이었다.

클린턴 대통령은 중국에 대한 봉쇄정책 대신 소위 '통합과 보장' integrate and insure 정책을 채택했다. 미국은 중국의 세계무역기구WTO 가입을 지지하고, 일본과의 미일 안보조약을 재확인했다.

중국이 '화평굴기'和平崛起 정책을 계속 추구한다면, 이웃 국가들은 안심하고 중국과의 긴밀한 경제협력에 관심을 집중할 것이다. 하지만 만약에 중국이 자신의 힘을 주변에 과시하려고 한다면 이웃 국가들은 미국 해군력을 후견세력으로 활용하며 중국의 무력과시에 균형을 취하려고 들 것이다. 최근 중국이 인도와의 국경에서 취한 행동이나, 동중국해와 남중국해에서 하고 있는 중국의 행동을 보면 무력과시의 징후들이 보이는 게 사실이다.

이런 상황에서 유럽은 어떤 입장을 취하는 게 바람직할까?

우선 유럽은 미국의 안보상황이 더 위험해지는 것을 막기 위해 민감한 품목은 감시 관리를 철저히 하고, 수출을 자제하는 게 좋을 것이다. 그리고 유럽은 이 지역의 안정과 해양항로 안전을 확보하는 게 유리하다.

더 나아가, 유럽은 이러한 안보환경을 만드는 데 적극적으로 기여할 수가 있다. 예를 들어 유럽은 유엔해양법협약UN Convention on the Law of the Sea 이 보편적으로 해석되도록 하는 데 중요한 역할을 할 수가 있다. 중국은 이 협약을 지나치게 자의적으로 해석하려고 한다. 미국은 아직 이 협약 비준을 하지 않고 있다.

전문가들은 중국이 나치 독일이나 소련처럼 기존의 국제질서를 뒤엎으려고 하는 수정주의 국가가 아니라고 말한다. 실제로 중국은 유엔, WTO, IMF 같은 국제기구를 무너뜨리려고 하는 생각을 갖고 있지 않은 게 사실이다.

중국이 지금과 같은 성장을 하게 된 데는 이런 국제기구들의 도움이 있었다. 유럽은 이런 기구들에서 지도적인 역할을 하고 있다. 따라서 중국이 책임 있는 행동을 해주기만 한다면, 유럽은 그 대가로 중국이 다자적인 정통성multilateral legitimacy 을 얻도록 도움을 줄 수 있을 것이다. 중국은 국제사회로부터 이 다자적 정통성을 인정받기를 간절히 원하고 있다.

중국은 지금의 글로벌 질서를 전복시키겠다는 시도를 하지 않고 있다. 하지만 중국은 현재 기존의 상황을 뒤흔드는 심각한 변화기를 거치는 중이다. 급속한 기술발전과 사회적 변화에 따라 기후변화, 테러리즘, 전염병, 사이버범죄와 같은 범국가적인 문제들이 야기되고 있다. 그리고 힘의 분산 현상이 많은 국가들 사이에 이루어지고 있을 뿐만 아니라, 다양한 종류의 비非정부 단체들에게 퍼져나가고 있다.

이런 새로운 종류의 문제들을 해결하기 위해서는 국제적인 협력이 광범위하게 요구된다. 이러한 국제협력이 원활하게 이루어지기 위해서는 중국과 미국, 유럽 모두가 중요한 역할을 해야 한다.

마지막으로, 가치의 문제가 있다. 유럽은 미국과 함께 더 높은 수준의 인터넷 검열을 고집하는 중국과 러시아 등의 입장에 반대하고 있다. 그리고 노르웨이와 독일 같은 나라들은 경제적인 불이익을 감수하더라도 인권을 중시하는 정책을 고수한다.

앞으로 중국 정치가 어떤 방향으로 진전되어 나갈지 미리 예측하기는 대단히 어렵다. 하지만 다른 나라들의 경험에 비추어 보면, 일인당 소득이 1만 달러를 넘으면 정치적인 변화가 일어나는 경우가 많다. 중국에서 그런 변화가 일어난다면, 유럽은 자신들이 고수하는 핵심 가치들을 전파하기 위해 앞장설 것이다.

중국은 법치에 기반을 둔 공정한 세계질서에 대해 경제적인 입장에서 관심을 갖고 있다. 앞으로는 중국의 이러한 관심이 개인의 인권을 더 보호하는 방향으로 나아갈지 두고 볼 일이다.

그 방향을 결정하는 것은 오로지 중국 자신의 일이다. 하지만 유럽은 그 과정에서 큰 영향을 미치게 될 것이다.

참고자료

제1장 | 미국의 세기는 언제 시작되었나?

미국의 세기와 관련해서 더 상세히 알고 싶은 독자들을 위해서는 참고할 만한 추가 자료가 충분하게 출간돼 있다.

제1장과 관련해서는 나의 저서를 포함해 다음의 책들이 있다.

Presidential Leadership and the Creation of the American Era (Princeton: Princeton University Press, 2013), looks at the choices made by crucial leaders in the past century. The second volume of Thomas G. Paterson, et al., *American Foreign Relations* (Stamford, CT: Cengage Learning, 2014) provides a standard history of the period.

Walter Russell Meade는 다음의 책에서 흥미로운 입장을 보여준다. *Special Providence: American Foreign Policy and How It Changed the World* (New York: Knopf, 2001). For a classic radical view, see William A. Williams, *The Tragedy of American Diplomacy* (New York: Norton, 1972).

Ernest May의 저서 *American Imperialism* (New York: Atheneum,

1968)은 21세기 시작 무렵 짧은 기간 정식으로 제국주의의 시기를 보낸 미국의 상황을 훌륭하게 설명해 주는 책이다. 그의 다음 책 *The World War and American Isolation, 1914–1917* (Chicago: Quadrangle, 1959)은 미국이 1차세계대전에 참전하게 된 배경을 탁월한 안목으로 설명한다.

Robert Dallek의 책 *Franklin D. Roosevelt and American Foreign Policy, 1932–1945* (Oxford: Oxford University Press, 1995)은 미국이 2차세계대전에 참전하게 된 배경과 과정을 설명한다. 전후 시기는 다음 책에 상세히 설명되어 있다. Walter Isaacson and Evan Thomas, *The Wise Men: Six Friends and the World They Made* (New York: Simon and Schuster, 1986.)

미국의 전후 질서의 특성에 관해서는 다음의 책을 참고하면 좋다. G. John Ikenberry, *Liberal Leviathan: The Origins, Crisis and Transformation of the American World Order* (Princeton: Princeton University Press, 2011). 이 책에 대한 비판서로는 다음의 책을 읽어보기를 권한다. Amitav Acharya, *The End of American World Order*(Cambridge: Polity, 2014).

제2장 | 미국은 쇠퇴하고 있는가?

제2장에서 설명하고 있는 헤게모니론과 쇠퇴에 관해서는 다음 책들을 참고하면 좋다. 이 분야에서 고전으로 간주되는 권위 있는 자료들이

다. Paul Kennedy's *The Rise and Fall of the Great Powers: Economic Change and Military Conflict Among the Great Powers* (New York: Random House, 1987)

Robert Gilpin, *War and Change in World Politics* (Cambridge: Cambridge University Press, 1981) 이 책은 헤게모니에 관해 전통적인 현실주의 입장에서 서술하고 있다. Robert O. Keohane는 다음 책에서 자유주의적인 제도주의 입장에서 헤게모니를 설명한다. *After Hegemony: Cooperation and Discord in the World Political Economy* (Princeton: Princeton University Press, 1984).

1세기 주기론에 관해서는 다음 책들을 참고하면 된다. 주요한 학설로는 다음 책이 있다. George Modelski, *Long Cycles in World Politics* (Seattle: University of Washington Press, 1987) 네오 마르크스주의 버전으로는 다음 책이 있다. Immanuel Wallerstein, *The Politics of the World Economy* (New York: Cambridge University Press, 1984)

영국 헤게모니의 쇠퇴에 관해서는 다음 책들을 참고하면 좋다. Corelli Barnett, *The Collapse of British Power* (Atlantic Highlands, NJ: Humanities Press International, 1986) 이 책은 독자들에게 대단히 유용한 시각과 자료를 제공해 줄 것이다.

제3장 │ 미국을 위협할 도전 세력들

제3장에서 다룬 미국의 잠재적인 경쟁세력에 대해서는 많은 자료들이 출간되어 있다. 유럽에 관해. 초기 낙관적인 전망을 한 자료로는 다음 책을 읽으면 좋다. Mark Leonard, *Why Europe Will Run the 21st Century* (London: Fourth Estate, 2005), 유럽에 관해 다소 비관적인 전망을 한 책으로는 다음 책이 있다. Jan Zielonka, *Is the EU Doomed?* (Cambridge: Polity, 2014.)

일본에 관해서 초기 낙관적인 전망을 한 자료로 다음 책이 있다. Ezra Vogel's *Japan as Number One: Lessons for America*(Cambridge, MA: Harvard University Press, 1979), 현재의 일본에 관한 설명으로는 다음 책이 있다. Sheila Smith, *Japan's New Politics and the US–Japan Alliance* (New York: Council on Foreign Relations, 2014).

러시아에 관한 자료로는 다음 책들이 있다.

Anders Aslund, Sergei Guriev, and Andrew Kuchins, *Russia After the Global Economic Crisis* (Washington, DC: Peterson Institute, 2010), Angela E. Stent 가 쓴 다음 책은 미국과 러시아의 관계에 대해 냉정한 분석을 하고 있어 주목할 만한 자료이다. *The Limits of Partnership: US–Russian Relations in the Twenty-First Century* (Princeton: Princeton University Press, 2014).

인도에 관해서는 다음 자료들을 권한다.

Vijay Joshi, "Economic resurgence, lopsided reform, and job-

less growth," in Anthony Heath and Roger Jeffrey, eds.,
Diversity and Change in Modern India: Economic, Social and Political Approaches (Oxford: Oxford University Press, 2010).

브라질에 관한 자료로는 다음 책들이 있다.

Fernando Enrique Cardoso 전 대통령은 자신의 회고록을 통해 브라질의 부상에 대해 대단히 쉽고 설득력 있게 서술하고 있다. *The Accidental President of Brazil: A Memoir* (New York: Public Affairs, 2006). 다음 책은 브라질의 부상과 관련해 보다 풍부한 역사적인 서술을 하고 있다. Thomas Skidmore, *Brazil: Five Centuries of Change* (Oxford:Oxford University Press, 1999).

일본, 인도, 중국의 관계에 관해서는 다음 책이 유용한 설명을 해주고 있다. Bill Emmott, *Rivals: How the Power Struggle Between China, India and Japan Will Shape Our Next Decade* (New York: Harcourt, 2008).

제4장 | 중국의 세기는 오는가?

제4장에 다루고 있는 중국의 부상과 관련해서는 다음 자료들이 충분하게 설명해 주고 있다. Martin Jacques는 중국과 관련해 대단히 열정적으로 독자들에게 배경지식을 제공해 준다. *When China Rules the World: The End of the Western World and the Birth of a New Global Order* (New York: Penguin, 2009).

Jonathan Fenby가 쓴 다음의 책은 앞의 책과 달리 중국의 국력에 대해 좀 더 현실적인 진단을 한다. *Will China Dominate the 21st Century* (Cambridge: Polity, 2014).

David Shambaugh가 쓴 다음의 책은 중국의 국력을 구성하는 여러 요소들을 다양한 각도에서 상세하게 설명하고 있다. *China Goes Global: The Partial Power* (Oxford: Oxford University Press, 2013). 현대 중국이 세계무대와 맺고 있는 관계에 대한 이해를 돕는 책으로는 Odd Arne Westad가 쓴 다음의 책을 권한다. *Restless Empire: China and the World Since 1750* (New York: Basic Books, 2012).

James Steinberg와 Michael O'Hanlon 두 사람이 함께 쓴 다음의 책은 중국과 미국 두 나라의 관계에 대해 대단히 깊이 있는 이해를 제공해 준다. *Strategic Reassurance and Resolve: US–China Relations in the Twenty-First Century* (Princeton: Princeton University Press, 2014).

Robert D. Kaplan이 쓴 다음의 책은 중국이 관련된 여러 위태로운 해양 문제들에 관해 다루고 있다. *Asia's Cauldron: The South China Sea and the End of a Stable Pacific* (New York: Random House, 2014).

제5장 | 미국은 로마의 전철을 밟을 것인가?

제5장에서 다루고 있는 미국의 쇠퇴와 관련해서는 다양한 자료들

이 출간돼 있다. Paul Kennedy는 저서 *Rise and Fall of the Great Powers*를 통해 1987년에 쇠퇴론적인 입장을 밝혔다. 폴 케네디의 주장에 대해 나는 다음 책으로 나의 입장을 밝혔다. *Bound to Lead: The Changing Nature of American Power* (New York: Basic Books, 1990.)

더 최근에 나온 쇠퇴론적 입장의 자료로는 Gideon Rachman가 쓴 다음의 논문과 저서들이 있다. "Think again: American decline," *Foreign Policy*, January 2011; Charles Kupchan, "The decline of the West: Why America must prepare for the end of dominance," *The Atlantic*, March 2012; and Edward Luce, *Time to Start Thinking: America in the Age of Descent* (Bedford Park, IL: Atlantic Press, 2012)

미국의 쇠퇴와 관련해 낙관적인 전망을 한 자료로는 다음의 책들이 있다. George Friedman, *The Next 100 Years: A Forecast for the 21st Century* (New York: Doubleday, 2009); Joseph Joffee, *The Myth of America's Decline* (New York: Norton, 2014); Robert Kagan, *The World America Made* (New York: Knopf, 2012) and Bruce Jones, *Still Ours to Lead* (Washington, DC: Brookings, 2014).

Stephen G. Brooks와 William Wohlforth 두 사람은 다음의 책에서 미국의 일극체제가 계속될 것이라는 입장을 밝히고 있다. *World Out of Balance: International Relations and the Challenge of American Primacy* (Princeton: Princeton University Press, 2009). Nuno Monteiro presents *The Theory of Unilateral Politics* (New York:

Cambridge University Press, 2014).

제6장 | 힘의 이동과 복잡해지는 세계

힘의 분산을 다룬 제6장과 관련해서는 다음 자료들이 있다. 사이버 파워에 관해서는 내가 쓴 다음의 책을 참고하기를 권한다. *The Future of Power* (New York: Public Affairs, 2011). Moises Naim도 다음의 저서에서 나와 비슷한 견해를 밝히고 있다. *The End of Power* (New York: Basic Books, 2013). Charles Kupchan은 다음의 저서에서 좀 더 극단적인 입장을 쓰고 있다. *No-One's World: The West, the Rising Rest, and the Coming Global Turn* (New York: Oxford University Press, 2012).

Ian Bremmer presents *Every Nation for Itself: Winners and Losers in a G-Zero World* (New York: Penguin, 2012.) Anne Marie Slaughter는 다음의 책에서 네트워크의 중요성이 커지는 현상을 설명 한다. *A New World Order* (Princeton: Princeton University Press, 2004), Fareed Zakaria는 다음의 책에서 미국 이외 다른 세력들의 영향 력이 커지는 현상을 설명한다. *The Post-American World* (New York: Norton, 2008).

2030년 세계전망에 관해서는 미국국가정보국(Director of National Intelligence)에서 펴낸 다음 자료를 참고하면 좋다. *Global Trends 2030: Alternative Worlds* (Washington, DC, 2012).

제7장 | 미국의 세기는 끝나지 않았다

마지막으로, 결론으로 다룬 부분과 관련해서는 미국의 외교정책 관련 자료가 너무나 많이 나와 있다. 많은 책들이 미국 외교정책이 나아갈 방향에 대해 조언을 하고 있다. Michael Mandelbaum presents *The Case for Goliath* (New York: Public Affairs, 2005), Andrew Bacevic는 다음의 책에서 미국의 외교정책과 관련해 회의론적인 입장을 피력하고 있다. *The Limits of Power: The End of American Exceptionalism*(New York: Henry Holt, 2009). Richard Haass makes a case in *Foreign Policy Begins at Home: The Case for Putting America's House in Order* (New York: Basic Books), Stephen Sestanovich는 다음의 책에서 극대화(maximalism)와 축소화(retrenchment) 정책 사이를 오가는 미국 외교정책의 시계추 현상을 설명하고 있다. *Maximalist* (New York: Knopf, 2014).

각주

제1장 | 미국의 세기는 언제 시작되었나?

1 Lester Thurow, *The Zero Sum Solution* (New York: Simon & Schuster, 1985), p. 67.

2 Kenneth Waltz, cited in Nuno P. Monteiro, *Theory of Unipolar Politics* (New York: Cambridge University Press, 2014), p. 29.

3 Herbert Block, *The Planetary Product in 1980* (Washington, DC: epartment of State, 1981), p. 74; Simon Kuznets, *Economic Growth and Structure* (New York: W.W. Norton, 1965), p. 144.

4 Chris Giles, "China to overtake US as top eco-nomic power this year," *Financial Times*, April 30, 2014.

5 "Balance of power" is used to refer both to the dis-tribution of power resources – military, economic, soft – among states, and to the policy of states acting to prevent any one country becoming so powerful as to pose a threat to the independence of others.

6 Michael Lind, "The American Century is over: How our country went down in a blaze of shame," *Salon*, July 12, 2014.

7 Alan Brinkley, *The Publisher: Henry Luce and His American Century* (New York: Knopf, 2010), pp. 266 – 273.

8 Charles Kupchan, *No-One's World: The West, the Rising Rest, and the Coming Global Turn* (New York: Oxford University Press, 2012), p. 84.

9 See Paul Kennedy, *The Rise and Fall of the Great Powers: Economic Change and Military Conflict Among the Great Powers from 1500 to 2000* (New York: Random House, 1987), pp. 154, 203. See also Bruce Russett, "The mysterious case of vanishing hegemony," *International Organization* 39, Spring 1985, p. 212.

10 Corelli Barnett, *The Collapse of British Power* (Atlantic Highlands, NJ:

Humanities Press International, 1986), p. 72

11 Richard Ned Lebow and Benjamin Valentino, "Lost in transition: A critical analysis of power transition theory," *International Relations* 23/2, 2009, p. 389.

12 G. John Ikenberry, *Liberal Order and Imperial Ambition* (Cambridge: Polity, 2006) p. 14.

13 Robert O. Keohane, *After Hegemony: Cooperation and Discord in the World Political Economy*(Princeton: Princeton University Press, 1984).

14 Amitav Acharya, *The End of American World Order* (Cambridge: Polity, 2014).

15 Henry Kissinger, *World Order* (New York: Penguin, 2014), p. 2.

16 Acharya, *The End of American World Order*, p. 11.

17 Noam Chomsky, "Losing the world: American decline in perspective, part 1," *Guardian*, February 14, 2012.

제2장 | 미국은 쇠퇴하고 있는가?

1 George Modelski, *Long Cycles in World Politics*(Seattle: University of Washington Press, 1987).

2 Immanuel Wallerstein, *The Politics of the World Economy* (New York: Cambridge University Press, 1984,) p. 41.

3 Charles Dickens, quoted in David Whitman, *The Optimism Gap: The I'm OK – They're Not Syndrome and the Myth of American Decline* (New York: Walker, 1998), p. 85.

4 Samuel P. Huntington, "The US – Decline or Renewal?" *Foreign Affairs* 67, Winter 1988/9, p. 95.

5 *America's Place in the World 2013* (Washington, DC: Pew Research Center, 2013), pp. 4, 10.

6 James Fallows, "How America can rise again," *The Atlantic*, January/February 2010.

제3장 | 미국을 위협할 도전 세력들

1 Nicolas Serge, *Creative Industries and Culture-Based Economy – Creative Industries and Cultural Diplomacy* (Berlin: Institute for Cultural Diplomacy, 2013).

2 *From International Blockbusters to National Hits: Analysis of the 2010 UIS Survey on Feature Film Statistics* (Montreal: UNESCO Institute for Statistics, 2012), pp. 5 – 8.

3 Mikhail Gorbachev, speech to Soviet writers, quoted in "Gorbachev on the future: 'We will not give in,'" *New York Times*, December 22, 1986.

4 Clifford J. Levy, "Russian president calls for nation to modernize," *New York Times*, November 13, 2009.

5 "The engineering gap," *The Economist*, January 30, 2010, p. 76.

6 McKinsey Global Institute, *Connecting Brazil to the World: A Path to Inclusive Growth* (McKinsey & Company, May 2014), p. 3.

7 "Getting it together at last: A special report on business and finance in Brazil," *The Economist*, November 14, 2009, pp. 5, 18.

8 Robert Fogel, "$123,000,000,000,000," *Foreign Policy*, January 4, 2010, p. 70.

9 Gideon Rachman, "Think Again: American Decline," *Foreign Policy*, January 2, 2011.

제4장 | 중국의 세기는 오는가?

1 Niall Ferguson, quoted in Jonathan Fenby, *Will China Dominate the 21st Century?* (Cambridge: Polity, 2014), p. 13. See also Martin Jacques, *When China Rules the World* (New York: Penguin, 2009).

2 "American Opinion," *Wall Street Journal*, September 16, 1999, p. A9.

3 See Joseph Nye, "As China rises, must others bow?" *The Economist*, June 27, 1998, p. 23.

4 John Mearsheimer, *The Tragedy of Great Power Politics* (New York, W.W. Norton, 2001), p. 4.

5 Ingrid d'Hooghe, *The Limits of China's Soft Power in Europe: Beijing's Public Diplomacy Puzzle*(The Hague: Netherlands Institute of International Relations, 2010).

6 Thucydides, *History of the Peloponnesian War*(London: Penguin, 1972), p. 62.

7 Fenby, *Will China Dominate the 21st Century?*, p. 26.

8 "Living up to the title," *Beijing Review*, May 22, 2014, p. 2; Daniel Gross, "Yes we can still market: Why US brands remain the world's most valuable," *The Daily Beast*, June 1, 2014.

9 Alexandra Raphel, "American economic power in decline? Rethinking the data in the context of globalization," *Journalist's Resource*, February 11, 2014.

10 Neil Irwin, "This one number explains how China is taking over the world," *Washington Post.com*, December 3, 2013; "The once and future currency," *The Economist*, March 8, 2014, p. 80.

11 *South Reviews* editorial, reprinted in *Beijing Review*, March 27, 2014, p. 10.

12 Toshiya Tsugami, "The future growth of China and security in East Asia," paper presented to SPF−CSIS Joint Commission on the US−Japan Alliance, June 24, 2013.

13 Sam Roberts, "In 2025, India to pass China in popu−lation, US estimates," *New York Times*, December 16, 2009.

14 Richard McGregor, *The Party: The Secret World of China's Communist Rulers* (New York: Harper Collins, 2010), p. 30.

15 James Steinberg and Michael O'Hanlon, *Strategic Reassurance and Resolve: US–China Relations in the Twenty-First Century* (Princeton: Princeton University Press, 2014), pp. 93, 184.

16 Evan Braden Montgomery, "Contested primacy in the Western Pacific," *International Security* 38, Spring 2014, pp. 115−149.

17 "Sun Tzu and the art of soft power," *The Economist*, December 17, 2011.

18 Jacques, *When China Rules the World*, p. 12.

19 David C. Kang, "Hierarchy in Asian international relations: 1300−1900," *Asian Security*, 1/1, 2005, pp. 53−79. See also Stefan Halper, *The Beijing Consensus: How China's Authoritarian Model Will Dominate the Twenty-First*

Century (New York: Basic Books, 2010).

20 John Ikenberry, "The rise of China and the future of the West," *Foreign Affairs* 87/1, January/February 2008, pp. 23 – 38.

21 Robert Kagan, "What China knows that we don't: The case for a new strategy of containment," *The Weekly Standard*, January 20, 1997. Robert Kaplan, *Asia's Cauldron: The South China Sea and the End of a Stable Pacific* (New York: Random House, 2014).

22 Steinberg and O'Hanlon, *Strategic Reassurance and Resolve*, p. 20.

23 For a detailed analysis, see Bill Emmott, *Rivals: How the Power Struggle Between China, India and Japan Will Shape Our Next Decade* (New York: Harcourt, 2008).

24 Yan Xuetong, "How China can defeat America," *New York Times*, November 21, 2011.

25 Fareed Zakaria, "Obama needs to lead with feeling," *Washington Post*, May 8, 2014.

26 Carla Norrlof and Simon Reich, "What would Kindleberger say: The US and China as world eco—nomic leaders and stabilizers," unpublished paper, 2014.

제5장 | 미국은 로마의 전철을 밟을 것인가?

1 Cullen Murphy, *Are We Rome? The Fall of an Empire and the Fate of America* (New York: Mariner Books, 2007).

2 Paul Kennedy, *The Rise and Fall of the Great Powers: Economic Change and Military Conflict Among the Great Powers from 1500 to 2000* (New York: Random House, 1987).

3 Of course, there were many more causes of this complex phenomenon. See Ramsay MacMullen, *Corruption and the Decline of Rome* (New Haven: Yale University Press, 1988).

4 See Nicholas Kristof, "We're not no. 1! We're not no. 1!" *New York Times*,

April 3, 2014.

5 "The jobs machine," *The Economist*, April 13, 2013.

6 Klaus Schwab and Xavier Sala—i—Martin, *The Global Competitiveness Report 2013–14* (Davos: World Economic Forum, 2013). Niall Ferguson, "How America lost its way," Wall Street Journal, June 7, 2013.

7 *Technically Recoverable Shale Oil and Shale Gas Resources: An Assessment of 137 Shale Formations in 41 Countries Outside the United States* (Washington, DC: US Energy Information Agency, 2013),p. 3.

8 *2014 Global R&D Funding Forecast* (Columbus: Batelle Memorial Institute, 2014).

9 *US Patent Statistics Chart, Calendar Years 1963–2013* (Washington, DC: The United States Patent and Trademark Office).

10 For a more optimistic view of American savings, see Richard N. Cooper, "Global imbalances: Globalization, demography, and sustainability," *Journal of Economic Perspectives* 22, Summer 2008, p. 95.

11 Niall Ferguson, "An empire at risk," *Newsweek*, December 7, 2009, p. 28; and "A Greek crisis is coming to America," *Financial Times*, February 11, 2010. See also, Francis Warnock, "How dangerous is US government debt? The risk of a sudden spike in US interest rates," Council on Foreign Relations Report, June 2010; available at: ⟨http://www.cfr.org/publication/22408/how_dangerous_is_us_government_⟩ debt.html.

12 Institute of Higher Education of Shanghai Jiao Tong University, "Academic ranking of the world univer—sities – 2009"; available at: http://www.arwu.org/ARWU2009.jsp.

13 "Are higher and lower performing students making gains?" *The Nation's Report Card* (Washington, DC: National Center for Education Statistics, US Department of Education, 2013); available at: http:// www.nationsreportcard.gov/reading_math_2013/#/ gains—percentiles.

14 Viktória Kis and Simon Field, *Time for the US to Reskill? What the Survey of Adult Skills Says*(Washington, DC: Organization for Economic Cooperation and Development, 2013), p. 12.

15 Sam Dillon, "Many nations passing US in education, expert says," *New York Times*, March 10, 2010.

16 "Gini in the bottle," *The Economist*, November 26, 2013.

17 Eduardo Porter, "A relentless widening of disparity in wealth," *New York Times*, March 12, 2014; "Class in America: Mobility measured, *The Economist*, February 1, 2014; Lawrence Summers, "US inequal—ity goes beyond dollars and cents," *Washington Post*, June 8, 2014.

18 Francis Fukuyama, "American power is waning because Washington won't stop quarreling," *The New Republic*, March 10, 2014.

19 Sarah Binder, "Polarized we govern?" Washington, DC, Brookings Center for Effective Public Management, May 2014, p. 18.

20 Pew Research Center for the People and the Press, "Political polarization in the American public," June 12, 2014.

21 Henry Kissinger, "America at the apex," *The National Interest*, Summer 2001, p. 15.

22 Hart—Teeter Poll for the Council of Excellence in Government, reported in the *Washington Post*, March 24, 1997. See also Seymour Martin Lipset and William Schneider, *The Confidence Gap* (Baltimore: Johns Hopkins University Press, 1987) and Jeffrey Jones, "Trust in Government Remains Low," *Gallup*, September 18, 2008.

23 Harris Poll, 1966–2011, "Confidence in Congress and Supreme Court drops to lowest level in many years," May 18, 2011.

24 Joseph S. Nye, Philip Zelikow, and David King, eds, *Why People Don't Trust Government* (Cambridge, MA: Harvard University Press, 1996).

25 Department of the Treasury, *Update on Reducing the Federal Tax Gap and Improving Voluntary Compliance* (Washington, DC: July 8, 2009). "Employment tax evasion", *Criminal Investigation Management Information System* (Washington, DC: Internal Revenue Service, October 2013).

26 The World Bank, *Governance Matters 2009: Worldwide Governance Indicators, 1996–2008*(Washington, DC: The World Bank, 2009).

27 Steven Holmes, "Defying forecasts, census response ends declining trend,"

New York Times, September 20, 2000; Sam Roberts, "1 in 3 Americans failed to return census forms," *New York Times*, April 17, 2010.

28 Robert Putnam, *Bowling Alone: The Collapse and Revival of American Community* (New York: Simon & Schuster, 2000); see also *Better Together: Restoring the American Community* (New York: Simon & Schuster, 2003).

29 "What's wrong in Washington," *The Economist*, February 29, 2010, p. 11.

30 David Frum, "Crashing the party," *Foreign Affairs* 93/5, September/October 2014, p. 46.

제6장 | 힘의 이동과 복잡해지는 세계

1 For a full description, see Joseph Nye, *The Future of Power* (New York: Public Affairs, 2011).

2 Niall Ferguson, "Networks and hierarchies," *The American Interest*, June 2014.

3 Anne-Marie Slaughter, "America's edge", *Foreign Affairs*, January/February 2009.

4 Randall Schweller, 'Emerging powers in an age of disorder," *Global Governance* 17, 2011, p. 286. See also Charles Kupchan, *No-One's World: The West, the Rising Rest, and the Coming Global Turn* (New York: Oxford University Press, 2012).

5 Office of the Director of National Intelligence, *Global Trends 2030: Alternative Worlds* (Washington, DC, 2012).

6 Robert Kagan, *The World America Made* (New York: Knopf, 2012), p. 105.

7 International Monetary Fund, *World Economic Outlook Database, April 2012* (Washington, DC: IMF, 2013).

8 Jim O'Neill and Alessio Terzi, "Changing trade pat-terns, unchanging European and global governance," Brussels, Bruegel Working Paper, February 2014, p. 3.

9 See Peter Zeihan, *The Accidental Superpower: The Next Generation of American Pre-eminence and the Coming Global Disorder* (New York: Hachette, 2014).

10 Jonathan Kirshner, *American Power After the Financial Crisis* (Ithaca: Cornell

University Press, 2014), p. 143.

11 Michael Mandelbaum, *The Case for Goliath* (New York: Public Affairs, 2005), p. 226.

12 Robert O. Keohane and Joseph S. Nye, "Between centralization and fragmentation: The club model of multilateral cooperation and problems of democratic legitimacy," John F. Kennedy School of Government, Harvard University, Faculty Research Working Paper Series, RWP01-004 (February 2001).

13 See J. S. Nye, "Maintaining the non-proliferation regime," *International Organization*, Winter 1981, pp. 15-38.

14 "Market value of the largest internet companies worldwide as of May 2013," Statista; available at: http://www.statista.com / statistics / 277483 / market-value-of-the-largest-internet-companies-worldwide/. Note: Yahoo and Yahoo-Japan have been treated as one entity for the purposes of company rankings.

15 Jonathan Zittrain, "No Barack Obama isn't hand-ing control of the internet over to China," *The New Republic* 224, March 24, 2014.

16 Richard J. Danzig, *Surviving on a Diet of Poisoned Fruit: Reducing the National Security Risks of America's Cyber Dependencies* (Washington, DC: Center for New American Security, 2014), p. 25.

17 Moises Naim, *The End of Power* (New York: Basic Books, 2013), p. 52.

18 Quoted in Nathan Gardels, "Governance after the end of power," *New Perspectives Quarterly*, Summer 2013, p. 4.

19 David Brooks, "The leaderless doctrine," *New York Times*, March 14, 2014.

제7장 | 미국의 세기는 끝나지 않았다

1 George Friedman, *The Next 100 Years: A Forecast for the 21st Century* (New York: Doubleday, 2009), p. 18.

2 Lawrence Freedman, "A subversive on a hill," *The National Interest*, May/June 2009, p. 39.

3 Stephen Sestanovich, *Maximalist* (New York: Knopf, 2014).

4 David Ignatius, "Claims of US weakness and retreat of US power are unfounded," *Washington Post*, June 4, 2014.

5 Mackubin Thomas Owens, "Obama chooses national decline," *National Review Online*, February 26, 2014; William Kristol, "Superpower once lived here," *Weekly Standard*, April 7, 2014, p. 7.

6 Fareed Zakaria, "The perils of leaning forward," *The Washington Post*, June 5, 2014.

해제

|

중국의 부상과 미국의 쇠퇴라는
두가지 화두

김흥규 • 아주대 정치외교학과 교수 | 중국정책연구소 소장

1. 협력과 견제 함께하는 두 강대국 관계

지금 미국과 중국의 관계는 대단히 복합적이고 난해한 양상으로 전개되고 있다. 혹자는 미국의 쇠퇴와 중국의 부상을 그 특징으로 꼽는다. 탈냉전 이후 가열되기 시작한 두 나라의 갈등과 대립이 다른 차원의 경쟁으로 전환되고 있는 것이 아닌가 하는 관찰도 이어진다.

시카고대의 존 미어샤이머 교수 같은 공격적 현실주의자들은 이러한 세력전이의 시기에 미국과 중국의 군사적 충돌은 피할 수 없는 것으로 인식하였다. 공격적 현실주의의 관점에서 보면 국가는 세력을 최

대한 추구하려는 동기에 의해 움직이기 때문에 도전국의 세력이 기존 패권국의 세력에 도전하게 되면 무력충돌은 불가피해진다고 보는 것이다. 이러한 관점에서는 부상하는 중국을 견제하고 봉쇄하는 것이 답이 된다. 공격적 현실주의 사고는 이명박 정부 초기 한국의 대외정책 방향 설정에도 지대한 영향을 주었다.

조지프 나이 교수는 '중국의 부상과 미국의 쇠퇴'라는 화두가 널리 유행하는 시기에 '과연 미국의 세기는 끝났는가?'라는 대단히 의미 있는 질문을 던지면서 자유주의적 관점에서 그 답을 찾고 있다. 미국은 많은 문제를 안고 있고 국제정치에서 힘의 분산 현상이 발생하고 있는 것도 사실이지만, 미국의 세기는 아직 끝나지 않았다는 것이 나이 교수의 결론이다.

미국이 정말 패권국가인 적이 있는가에 대해서는 의문을 제기하면서도, 복합적인 상호의존의 시기에 네트워크를 조직하고 협력을 이끌어 낼 소프트파워를 지닌 미국만이 가장 효과적으로 21세기가 직면할 난제들을 해결할 수 있다는 것이다. 향후 인구의 구성, 에너지 자원이라는 국가역량의 기반, 군사력과 경제력 분야의 하드파워, 상대를 협력으로 유도하고 설득할 수 있는 소프트파워, 하드와 소프트 역량을 결합한 스마트파워란 측면에서 세계 어느 국가도 미국에 필적할 수는 없다는 것이 나이 교수의 결론이다.

나이 교수의 '미국의 세기'에 대한 이러한 질문은 일시적인 것이 아니다. 나이 교수는 이미 1970년대 미국의 세기가 저물고 있는 것이 아닌가라는 의문이 크게 제기되던 시절에 자유주의적인 시각에 바탕을 둔 상호의존론을 통해 '그렇지 않다'라는 답을 제시한 바 있다. 당시 석유위기 등으로 세계에서 차지하는 미국의 경제적 우위가 빠르게 잠식되었고, 베트남전에서의 패배로 외교적, 군사적 자신감이 많이 상실되었던 시기였다. 나이 교수는 당시 국제정치가 군사력만으로는 설명할 수 없으며, 이슈 영역에 따라 차별적으로 다양한 의존관계가 형성되는 '복합적 상호의존'의 시기로 접어들었다고 인식하였다.

국제정치는 대체로 군사력의 영역, 경제적 영역, 그리고 복지, 환경, 기후변화 등과 같은 '하위의 정치 영역'으로 구분할 수 있는데 여기에 각 영역마다 위계가 다른 비대칭적인 상호의존이 존재한다. 나이 교수는 비대칭적이고 복합적인 상호의존 관계를 특징으로 하는 국제관계에서 미국이 상대적으로 국제정치 질서 속에서 취약성이 가장 낮은 국가라고 파악한다. 그리고 미국이야말로 국제제도의 수립을 통해 협력을 이끌어낼 수 있는 최적의 국가라는 점을 이론적으로 설명하려 노력해 왔다.

나이 교수는 이러한 자유주의적 관점에 입각하여 미국의 중국 정책에 대해 정치 현실주의와는 다른 처방을 제시하였다. 그는 1994년 클린턴 행정부에서 국방부 국제안보 담당 차관보로 일하던 시기 중국에 대한 봉쇄정책에 반대했다. 중국을 적으로 간주하면 그것은 중국을 미래의 적으로 분명하게 못 박는 것이고, 중국을 친구로 간주하면 향후 중국과 더 평화로운 관계를 열어 갈 가능성을 열어둔다는 논리였다. 당시 그의 주도로 고안된 중국에 대한 정책은 '함께하되 대비한다' integrate but hedge 는 것이었다.

21세기 들어서 집권한 부시(Jr.) 정부의 전략가들인 네오콘들은 본래 공격적 정치 현실주의적 관점에서 중국을 대했다. 그러나 이러한 정책을 실제 유지하고 집행하는 것이 현실 국제정치에서 얼마나 많은 비용을 초래하는지는 곧 깨닫게 되었다. 이러한 인식은 2005년을 기점으로 공화당의 부시(Jr.) 행정부에서 주류 시각을 차지하게 되었고, 당시 국무부 차관보인 로버트 졸릭은 결국 중국의 부상을 '책임 있는 이해당사자' stakeholder 의 등장으로 받아들이게 되었다.

이 정책의 핵심은 놀랍게도 나이 교수가 주장한 중국 포용정책, 소프트파워 강화를 통해 미국의 영향력을 유지한다는 전략이었다. 이러한 나이 교수의 전략적 사고와 제안이 민주당 정권인 오바마 행정부에서도 널리 받아들여진 것은 물론이다. 오바마 대통령은 2013년 미중 정상회담을 통해 중국을 세계적인 차원에서 이해당사자로 배려하였고, 적극적인 포용에 기초한 헤징전략 hedging 을 통해 중국을 미국 중심의 국제체제에 편입시키려 노력하고 있다.

물론 포용을 위주로 한 오바마 행정부의 중국 정책에 대해 의회에서 다수를 점한 공화당에서 비판적인 시각이 점차 부상하고 있는 것도 사실이다. 아울러 새로 집권한 시진핑 주석의 대외정책은 기존의 후진타오 체제와는 다른 차원의 접근을 통해 미국을 대단히 곤혹스럽게 하고 있다. 바야흐로 전 세계라는 공간을 대상으로 두 나라가 경쟁하면서 국제규범과 제도에 대한 재설정 갈등이 본격적으로 시작되고 있는 듯이 보인다. 이는 나이 교수의 관점에서 보자면, 국제체제의 주도권을 놓고 제도와 소프트파워 영역에서 보다 본격적인 경쟁이 시작된 것이다. 이는 두 나라 관계가 기존과 다른 전혀 새로운 관계로 접어들고 있는 것이 아닌가 하는 의구심을 자아내기에 충분하다.

현재 진행되고 있는 미국과 중국 두 나라 관계는 20세기 후반 이데올로기와 정치 군사적 경쟁을 바탕으로 세계를 양분하였던 미국과 소련의 대립과는 다른 양상을 보인다. 당시 미소 대립은 각기 독자적인 경제 및 정치 공간을 확보하면서 영향력과 지배력을 확대해 나가려고 하는 제로섬게임적인 성격을 띠었다. 그러나 지금의 미중 관계는 과거 냉전시대에는 상상할 수 없을 정도로 상호의존성이 확대된 세계, 지구화, 정보화라는 시대적 환경의 제약 속에서 경쟁과 협력이 복합적으로 얽혀 있는 상태를 보여준다. 더군다나 미국과 중국 두 나라는 이제 양자적인 문제만이 아니라 기후변화, 생태변화, 질병 등과 같이 지구적인 문제가 더 본격적으로 대두되는 그러한 시기에 처해 있다. 따라서 두 나라 관계는 단지 전략적인 대립의 관계로만 설명하기 어렵고, 그렇다고 전략적인 협력의 관계로도 설명이 어려운 복합적이고 미묘한 양상을 띠고 있다.

중국은 과거 강대국 관계와는 달리 미국 중심의 국제질서에 도전하지 않고 평화로운 방식으로 부상하겠다는 뜻을 공공연히 천명해 왔다. 미국 역시 이처럼 부상하는 중국에 대해 제로섬게임식 대립을 하지 않겠다는 것을 공개적으로 확인하고 있다. 그럼에도 불구하고 두 나라 관계의 변화를 관찰하고 있는 세계는 이를 조심스럽고 우려스러운 시각으로 바라보고 있다.

이러한 시각은 국내적으로도 널리 회자되는데, 중국이 기존 질서와 구도에 편입되기보다는 새로운 질서와 구도를 만들고 새로운 판을 짜는 전략을 추구하고 있다고 평가하는 것이다. 두 나라 간 '전략적 의혹과 불신'strategic distrust 이 근저에 깔려 있다는 점에서 궁극적으로 새로운 지역 규범과 질서 창출을 둘러싼 경쟁이 점차 심화될 것이라는 평가이다. 이러한 미중 관계의 변화에 대한 종합적인 판단은 여전히 어려운 작업이다.

현재 진행되고 있는 미중 간의 세력전이 현상이 과연 한반도에 어떻게 부정적이고 파괴적인 결과를 가져올지 우려하는 것은 당연하다. 구조적인 변화 속에서 약소국이라는 미약한 행위자가 미칠 수 있는 영향력의 범위에 대해 회의적인 시각도 존재한다. 그러나 강중견국으로서 한국의 국력이 과거 어느 때보다 강한 것도 사실이다. 21세기 정보화 시기에는 보다 다양한 수단으로 중견국들이 강대국 국제정치에 영향을 미칠 수 있는 공간이 더 확대되고 있다. 이러한 국제정치의 변화와 새로 열리는 전략적인 공간을 얼마나 잘 활용하느냐가 한국의 국가명운에 큰 영향을 미칠 것은 자명하다.

2. 강대국의 꿈 천명한 시진핑의 중국

2008~2009년 미국 발 금융위기 과정을 통해 보여준 중국의 역할은 어떠한 지구적인 문제도 이제 중국의 협력과 참여 없이는 풀어내기 힘들다는 강력한 인상을 심어주었다. 이러한 상황은 이제 미국과 중국이 세계에서 가장 중요한 두 국가(G2)를 형성하였다는 사실에 이의를 제기하기 어렵게 하였다. 논란의 여지는 많지만 중국이 2020~2025년 사이에 경제규모에서 미국을 능가할 것이라는 전망은 이제 상식이 되었다. 미국 정보위원회 보고서에서는 2030년경에 이르면 미중 간 종합국력의 차이는 거의 균형에 도달할 것이라고 예측하고 있다. 현재 추세대로라면, 2040년경이면 중국의 경제규모는 미국과 유럽을 합한

것보다 더 커질 것이며 군사비 규모에 있어서도 중국은 미국을 추월할 것이라는 전망이다.

중국의 급격한 부상과 그 결과에 대해 국제사회의 우려가 커지고 있는 것도 사실이다. 중국 외교가 이전과는 달리 보다 공세적으로 전환하지 않을까 하는 우려도 강하고, 그 파장에 대해서도 걱정하고 있는 것이다. 실제로 중국은 금융위기 이후 중국 외교의 기본지침이었던 도광양회韜光養晦 라는 수세적이고 신중한 외교를 넘어서는 양상을 보이고 있다. 특히 2010년 대단히 공세적인 방식으로 영해권을 주장하였고, 주변국들과 분쟁이 크게 강화되었다. 이러한 현상은 국내외에 일고 있는 우려에 근거가 있다는 것을 보여준다. 이제 중국은 더 이상 도광양회를 강조하지 않으며, 보다 능동적인 유소작위有所作爲 적 외교를 지향하면서 '신형 대국관계', '신형 국제관계'와 같은 새로운 유형의 국제관계를 적극적으로 제시하고 있다.

하지만 2010년 이후 중국 내 논쟁에서 드러난 주류 사고는 중국이 공세적인 대외정책을 추진해서는 안 된다는 것이었다. 이는 미국이 아직 쇠퇴한 것은 아니며, 다만 중국이 부상하는 것이라는 인식에 근거한 것이었다. 중국의 주류는 국제정치무대와 군사 부문에서 미국의 우위가 상당 기간 (20~30년 정도) 지속될 것으로 추정하였다. 중국은 동시에 현재 미국 중심의 단극체제는 점차 지나가고 있으며, 세계는 다극화의 방향으로 진행하고 있다는 인식을 지니고 있다. 이 과정에서 어떻게 미중 관계를 관리하느냐가 중요하다는 인식이다.

시진핑 시기 중국 외교를 이해하기 위해서 주목해야 할 점은 새로운 중국 지도부가 인식하고 있는 국내 사회 경제적 상황, 국가발전 전략과 중국 외교 전략과의 관계를 동시에 고려하는 것이다. 새 지도부는 그동안 급속한 경제발전으로 인해 발생한 부정적 요인들이 정치적으로 큰 위험요인이라는 것을 심각하게 인식하고 있다.

시진핑 체제는 급속한 인구 노령화와 노동력의 부족현상, 국가주도와 수출주도형 성장모델의 폐기 및 새로운 경제발전모델로의 전환, 과두 독재정치의 비효율성과 부패, 경제 사회 불균형 현상의 타파, 국내 인터넷 세대의 성장과 정치적 민주화 요구에 대한 대응 등 무수한 난제에 직면해 있다. 더구나 지니계수가 폭동발생 위험수위인 0.5를 이미 초과한 상황에서, 사소한 국내문제가 현 공산당 일당체제에 위기로 발전할 개연성은 충분해 보인다. 특히 세계경제가 불안정하고, 중국의 경제발전이 하락세로 전환한다면, 위에서 언급한 급속한 경제성장의 부정적 요인들이 그 임계점에 도달할지 모른다는 불안감이 중국 지도부에 깊이 내제되어 있다.

새 지도부는 국내 사회, 경제, 정치 상황의 심각성을 극복하면서 동시에 새로운 역사적 성취를 통해 공산당과 새 지도부의 정통성을 크게 제고해야 할 압력을 강하게 받고 있다. 중앙대외연락부의 자오밍하오 박사가 지적한 바대로 이 시기 중국의 대외전략은 한 단계 업그레이드 된 평화발전전략을 제정하고 실현해야 하며, 생존외교와 발전외교에 서 '강대국 외교'로 진화해야 할 강한 동기를 지닌다. 이를 수행하는 것 은 시진핑 주석이 언급한 바대로 '중국의 꿈'을 실현시켜야 할 책무로 인식되고 있다.

중국 국내 상황의 제약과 보수적인 중국의 정치문화 및 정책결정과 정은 대외정책에도 의미 있게 반영될 것이다. 그간 새로운 지도부의 대외정책은 경제발전이라는 가장 중요한 국가목표에 종속되어 왔다. 새 지도부의 경제발전 전략과 대외정책은 이전 지도부에 의해 큰 방향 이 설정되어 있어 변화보다는 연속성이 강조되어 온 게 사실이다. 특 히 정치,경제,사회의 안정 문제는 새로운 지도부의 선택을 현실적으로 제약하는 주요한 국내적인 요인으로 여전히 남아 있다.

그럼에도 불구하고 시진핑 시기에 들어서서 달라진 조건 세 가지를 들 수 있다. 우선은 중국의 국제적인 자아정체성이 발전도상국에서 '강대국'으로 전환하고 있다는 점이다. 동시에 대륙국가 정체성에서 대 륙—해양 이중 정체성으로 변화하고 있다. 두 번째는 시진핑의 리더십 이 이전의 후진타오보다 더 강하고 역동적이라는 점이다. 장쩌민의 강 한 개입 의지와 견제를 받았던 후진타오와 달리 시진핑은 이런 견제로부터 상대적으로 자유롭다. 장쩌민은 시진핑의 후견자일 뿐만 아니라 연로해 정치적 개입의 여지가 크게 줄어들었고, 후진타오는 정치 개입 의지가 현저히 약하다. 동시에 시진핑이 겪은 과거의 고난과 다양한 경험, 그리고 태자당으로서의 정치적 배경은 일반 학계의 예상보다 더 빨리 자신의 리더십을 확립하는 데 긍정적인 요인이 되었다. 세 번째 는 2021년이면 중국공산당은 창당 100주년을 맞이하게 된다. 이 시기 시진핑을 포함한 중국 지도부는 새로운 역사적 성취를 달성해야 한다 는 압박과 동인을 강하게 받을 것이다.

3. 제로섬게임 넘어서는 새로운 세계 질서

미국과 중국 두 나라는 냉전시기와는 달리 구조적으로 상호의존성 과 취약성을 공유하고 있다. 양국의 번영과 생존이 긴밀히 연계되어 있다는 인식도 잘 공유하고 있다. 미국은 향후 20여 년 간 외교군사적 우위를 유지할 것이지만, 경제규모에 있어서는 2020~2025년 이내에 중국에 추월당할 것으로 전망된다. 이 과도기적인 시기에 미중은 상호 간의 관계를 규율하는 규칙과 묵계들을 만들어 내려 할 것이다. 현재 미중 간에 존재하는 60여 개의 전략대화와 90여 개의 정부 간 대화는 이러한 노력의 일환이다.

시진핑 시대에 들어 중국 측이 강조하고 있는 '새로운 강대국 관계'

형성에 대해 오마바 대통령은 긍정적으로 화답하였다. 다만, 그 구체적인 내용에 대해서는 상호간에 게임의 규칙이 충분히 형성되지 않았고, 미완의 과제로 남아 있다. 따라서 미중 관계는 당분간 미묘하고 복합적인 관계를 형성하면서 협력과 갈등이 얽히고, 주기적으로 한쪽 측면이 강조되는 현상이 발생할 것이다. 이는 우리의 판단을 혼란스럽게 할 것이다. 그러나 분명한 사실은 미중 관계는 냉전시기의 미소 관계와는 확연히 다른 전제에서 출발하고 있으며, 그 내용도 다를 것이라는 점이다.

따라서 미중 관계는 갈등과 협력의 복합 국면에서 냉전적인 대결 관계로 회귀할 가능성보다는 전략적 협력의 방향으로 진전될 가능성이 더 커 보인다. 그러는 한편 당분간 갈등 국면과 협력, 전략적 협력이 강화되는 국면 사이에서 자리매김할 개연성이 크다. 이는 2011년, 2013년, 2014년 미중 정상회담에서 구현하고자 한 두 나라 관계와 유사하다. 미중 관계는 설령 세력전이가 이뤄진다 할지라도 어느 일방이 타방을 완전히 압도하는 구도는 실현되기 어려울 것이다. 두 나라 모두 상당히 긴 기간을 공존하면서 일정한 영향력과 지분을 유지하는 관계를 예상할 수 있다. 그러면서 협의와 타협에 의한 공동제휴 Consortium 체제를 강화해 나갈 것으로 보인다. 세력전이 과정에서 새로운 게임의 규칙과 규범을 정하지 못해 기존 행위규범의 현상 불일치

혹은 공백 상황이 초래될 수 있다. 따라서 미시적이고 국지적인 측면에서는 상호갈등과 반목이 강조되는 것처럼 나타날 수 있다.

단기,중기적인 시나리오는 경제적으로 상호의존은 높으나 전략적 불신이 지속되면서 주기적으로 협력과 갈등의 현상이 반복되는 상황이다. 다만 냉전시기와 달리 상대방에 대한 전면적인 대항을 추구하거나 제로섬게임적인 논리에 의해 상황이 전개되지는 않을 것이다.

중장기적인 시나리오는 지금의 경제적 상호의존을 협력의 기반으로 하면서 군사적, 과학적, 정보화 분야에서 상호 협력의 방향으로 진전되는 것이다. 2011년 합의한 미중 지도부의 공동인식은 이러한 방향으로 진행한다는 것이었고, 이는 2013년과 2014년의 미중 정상회담에서도 향후 미중 관계발전 추세로 합의한 바 있다.

부정적인 시나리오는 미국과 중국이 상호 경제적 의존관계를 줄여나가면서 안보 전략적으로 경쟁구도를 심화시켜 나가는 상황이다. 이러한 상황은 한국이 현실적으로 가장 우려하는 상황이지만 미중 지도부의 의지나 구조적 제약 등을 고려할 때, 실현 가능성은 약하다. 미국이나 중국 어느 쪽도 당분간은 새로운 냉전체제를 형성할 수 있을 정도로 독립적이고 강력하지 못하다.

미중 관계는 향후 중장기적이고 구조적인 차원에서는 안정되고 평화를 유지하는 방향으로 나아가겠지만, 미시적으로는 반드시 안정되고 평화스러운 관계는 아닐 것이다. 미중 간에 가장 위험한 시기는 중국이 경제적인 측면에서 세계 최강국으로 부상하면서, 중국 내 여론의 중요성은 강화되고(민족주의의 성장과 더불어), 2020년대에 중국의 새로운 지도부가 들어서면서, 미중 간 새로운 게임의 규칙을 제정하고자 하는 시기가 될 것이다. 그렇게 되면 미중 간의 마찰과 충돌이 더 강화될 개연성이 크며, 한국의 외교안보 전략에 막대한 부담과 영향을 주게 될 것이다.

당분간 미국은 중국과의 경쟁에서 승리를 추구할 것이고, 중국은 '20세기의 영미모델'처럼 전쟁을 겪지 않는 자연스런 중국 우위의 세력전이를 선호할 것이다. 그 과정은 획기적인 상황이 발생하지 않는 한 적어도 향후 20~30년은 지속될 것으로 보인다. 그러나 이미 언급한 바대로 구조적인 제약으로 말미암아 결국 불안정하기는 하지만 19세기에 영국과 프랑스가 오랜 경쟁을 하면서도 결국 위협적으로 서로를 바라보지 않은 1904년의 영불 협상체제를 따를 것으로 보인다. 다만 이 협상체제는 역사적으로 오래 가지 못했다. 20세기 초와 다른 구조적 제약이 과연 미중 두 나라의 협상체제를 얼마나 오래 유지하게 할지는 결국 두 나라의 지속적인 경제적 성장을 가능하게 하고 내부 국내정치를 안정시킬 내구성에 달려 있다고 봐야 할 것이다.

4. 한국 외교의 자주적인 역량 발휘할 때

미국과 중국 두 나라의 첨예한 갈등과 대립은 한국 외교가 가장 피하고 싶은 국제환경이다. 이는 한국에게 양자택일의 외교를 강요할 것이고, 한국이 어떠한 선택을 한다고 하더라도 감내하기 어려운 비용을 안겨줄 것이다. 안보적인 측면에서는 북한과 냉전 상황이 유지되고, 북한이 핵무장화를 완성하는 상황이 온다면 한국은 중국과의 관계를 희생해서라도 한미동맹에 대한 의존도를 크게 증가시킬 개연성이 크다. 한반도 및 동북아에는 한국의 안보를 담보할 국제적 기제가 갖춰지지 않았기 때문이다. 그러나 경제적인 측면에서는 어느 국가도 중국을 대체할 수 없을 정도로 중국이 한국의 경제발전과 번영에 주는 영향력과 혜택이 크다. 한국으로서는 미중 간의 협력적 관계가 이 지역의 평화와 발전에 큰 기여를 할 수 있다고 본다.

다행히 현재 중국의 새로운 지도부는 미국과 첨예한 대립보다는 갈등 가운데에서도 대화와 소통을 통해 타협해 나갈 개연성이 상대적으로 크다는 전망을 낳게 한다. 최근 일련의 미중 전략경제대화 및 2014년 11월 APEC 회의에서 시진핑이 국내외에 던진 메시지는 미중 간 상호협력적 태도를 바탕으로 주요 국제사안을 풀어나가겠다는 '동주공제'^{同舟共濟}의 정신이었다.

한반도 문제와 관련하여 2011년 1월 오바마-후진타오 간의 정상회담과 2013년 6월 오바마–시진핑의 정상회담에서 미중의 한반도 정책에 대한 이러한 기조를 재확인하였다. 2013년 7월 10~11일 개최된 제5차 미중 전략경제대화에서 한반도와 북핵문제는 지역문제 중 가장 우선적으로 다뤄졌고, 이러한 기조를 확인하였다.

중국이 제시한 새로운 강대국 관계에서 가장 주목할 사안은 미중이 북한 비핵화 및 한반도 문제에 대해서는 상호협의와 공조를 강화할 것이란 점이다. 북핵 문제는 이제 시진핑이 추진하고 있는 새로운 미중 강대국 협력관계의 시험대가 되었다. 북핵 문제에서 공조 실패는 곧 미중 간 새로운 공조관계의 지표로 인식될 수 있는 사안이 되었다.

미중 관계의 맥락에서 보면, 시진핑 시기가 후진타오 시기보다 북한의 비핵화에 대해 더욱 강경하고 원칙론적인 입장을 고수하고, 국제적인 제재를 준수하려 할 것이라고 판단할 수 있는 근거가 된다. 중국은 실제 최근 한반도 정책을 기존의 3불(전쟁방지, 북한 혼란 방지, 한국에 의한 통일 방지) 1무(비핵화) 정책에서 비핵화를 가장 전면에 내세운 한반도 비핵화, 한반도 안정과 평화 유지, 대화를 통한 문제해결이라는 3원칙으로 대체하였다. 더구나 박근혜 대통령의 방문 때 중국은 한국 측이 제시한 한반도의 평화통일 원칙을 공동성명에 명시하는 것에 동의하였고, 한반도 비핵화가 곧 북한의 비핵화임을 분명히 하였다.

두 번째 함의는 한국의 전략적 지위가 강화되는 현상이다. 중국은 미국에 직접적인 도전을 하지 않는 대신 미국과 경쟁하기 위해 주변국 외교를 강화할 것이다. 시진핑 시기 한국은 중국 주변국 외교에 있어서 동남아에 이어 두 번째로 중요한 대상이 될 것이다. 박근혜 대통령의 방중 때 중국은 이러한 전략적 이해를 바탕으로 최대한의 예우를 해주었다. 한중이 합의한 청와대와 중국 국무원 외사담당 국무위원 간의 전략대화는 중국으로서는 세계에서 미국 및 러시아에 이어 세 번째로 합의한 최고위급 전략대화이다. 그러나 최근 중국의 새로운 실크로드 전략의 중시와 미일동맹의 강화는 중국의 초점을 동북아로부터 서쪽 방향으로 돌리게 하는 효과를 가져 온다. 그 만큼 한반도 핵문제의 해결은 요원해지고, 동시에 향후 경제적으로도 어려움에 처할 개연성이 더 커졌다.

세 번째는 한반도 안정 우선정책이 유지되는 전망이다. 중국 5세대 지도부는 국내 사회경제적 어려움이 크게 가중되는 시기에 중국을 통치할 것이다. 국내외적으로 불안정성과 불확실성의 개연성이 증가해 지도부는 대외정책 변수를 가능한 한 줄이려 할 것이며, 새로운 대외정책보다는 기존의 정책을 유지하는 보수성이 강하게 나타날 전망이다. 이에 따라 중국은 안정위주의 한반도 정책을 유지하려 할 것이다. 북한에 대한 중국의 최근 강경정책은 북한의 핵실험과 핵무기 보유주장이 한반도 및 주변정세를 불안정하게 하면서 중국의 국익을 해치는 주요 요인이 되고 있다는 판단에 따른 것이다.

주의해야 할 것은 미중 간의 급속한 관계강화가 역설적으로 한반도를 포함한 한국의 전략적 위치를 약화시킬 수도 있다는 점이다. 한국의 한반도 관련 협의에서의 변경화邊境化 문제이다. 북핵문제를 포함한 한반도의 주요 문제 등이 미중간의 합의에 의해 절충되고 한국은 이를 피동적으로 받아들이는 상황을 우려해 볼 필요가 있다. 북핵 문제 역시 근본적인 해소보다는 북한이 현 핵개발을 동결하도록 하면서 관리하는 차원에 치중할 개연성이 커 보인다.

이는 분명 현재 한국 정부의 정책 및 이해관계와 괴리되는 측면이 커지는 것이다. 보다 중장기적으로 한국이나 북한 모두가 직면한 문제는 미중의 소통과 협력이 강화되면서 남북한이 다 같이 전략적 가치가 약화되는 상황에서 어떻게 남북관계를 풀어나가고, 또한 미중 등 강대국과의 관계를 형성해 나가느냐는 것이다. '새로운 강대국 관계'의 형성과 미중 관계는 여전히 진행형이다. 이 과정에서 미중의 한반도 정책결정에 영향을 미칠 한국의 자주적 역량을 배양하는 것을 게을리 할 수 없다. 어느 강대국도 자국의 이해를 넘어 한국의 이해를 지원해 주지는 않을 것이라는 것이 역사가 주는 교훈이기 때문이다. 결국은 자주적 역량의 강화를 통해 우리의 문제를 해결할 준비를 갖추지 않으면 안 된다.

조지프 나이 교수가 언급한 것처럼 국제관계에는 적어도 군사 관계, 경제 관계, 그리고 국경을 넘는 이슈들을 아우르는 관계가 존재한다. 이들은 상호 얽혀 있으면서도 어느 정도 독립적인 영역을 확보하고 있다. 동시에 과거와는 달리 정보화와 세계화의 시기에 중견국가들이 역량을 발휘할 공간도 더 크게 확대되었다. 한국은 각 영역에서의 제도 및 규범 획정에 적극 참여하여야 한다. 나이 교수가 제시한 바대로 이러한 영역에서의 노력과 새로운 시야를 바탕으로 남북관계에 접근하는 역발상도 필요한 시점이 아닌가 생각해 본다.

김흥규 교수 | 서울대 외교학과를 졸업하고, 미국 미시간대(앤아버)에서 비교정치 및 중국정치 전공으로 정치학 박사학위를 받았다. 2014년 니어재단 외교안보부문 학술상 수상. 중국의 외교안보분야, 한중관계, 미중관계, 동북아 국제정세 등에 연구를 집중하고 있으며, 여러 권의 저서와 200여 편이 넘는 논문과 기고문을 쓰며 활발한 연구활동을 하고 있다.

옮긴이 **이기동**은 서울신문에서 초대 모스크바 특파원과 국제부차장, 정책뉴스부차장, 국제부장, 논설위원을 지냈다. 베를린장벽 붕괴와 소련연방 해체를 비롯한 동유럽 변혁의 과정을 현장에서 취재했다. 경북 성주에서 태어나 경북고등과 경북대 철학과, 서울대대학원을 졸업하고, 관훈클럽 신영연구기금 지원으로 미국 미시간대에서 저널리즘을 공부했다. 《현대자동차 푸상무 이야기》《블라디미르 푸틴 평전─뉴차르》《인터뷰의 여왕 바버라 월터스 회고록─내 인생의 오디션》《마지막 여행》《루머》《미하일 고르바초프 최후의 자서전─선택》을 우리말로 옮겼으며 저서로 《기본을 지키는 미디어 글쓰기》가 있다.

미국의 세기는 끝났는가

초판 1쇄 인쇄 | 2015년 5월 20일
초판 3쇄 발행 | 2018년 3월 30일

지은이 | 조지프 S. 나이
옮긴이 | 이기동
펴낸이 | 이기동
편집주간 | 권기숙
편집기획 | 김문수 이민영 임미숙
마케팅 | 유민호 이정호 김철민
주소 | 서울특별시 성동구 아차산로 7길 15─1 효정빌딩 4층
이메일 | previewbooks@naver.com
블로그 | http://blog.naver.com/previewbooks

전화 | 02)3409─4210
팩스 | 02)3409─4201 02)463─8554
등록번호 | 제206─93─29887호

교열 | 이민정
디자인 | Kewpiedoll Design
인쇄 | 상지사 P&B

ISBN 978─89─97201─22─8 03300

잘못된 책은 구입하신 서점에서 바꿔드립니다.
책값은 뒤표지에 있습니다.